社会保険労務士
神野沙樹
Saki Kamino

「社会人になるのが怖い」、[illegible]たら読む

会社の超基本

飛鳥新社

はじめに

みなさんは、「会社員として働く」ということに、どんなイメージをもつでしょう。

『サザエさん』に登場する波平さんやマスオさんは、毎朝スーツを着て会社に出かけますね。

『ドラえもん』に出てくる〝のび太のパパ〟や、『クレヨンしんちゃん』の〝ヒロシ〟も、日本の国民的アニメに登場する会社員は、みな同じようにスーツを着て仕事に出かけます。

そうです。会社員といえば、

「スーツを着て」「毎朝、通勤電車に揺られながら会社に行き」「ビルのなかで働く（ちょっと暗い表情で……）」

というイメージではないでしょうか。

それではみなさんに質問です。会社員は、いったいどこでどんなふうに仕事をしていると思いますか。一日何時間くらい働いて、月に何日くらい休み、給料はいつもらっているのでしょう。これらについては、ほとんど知らない世界だと思います。

しかし、そんな限られた情報しかない状況で、大学生になれば「就職活動」という現実が突如として現れ、「行きたい業界や企業選び」を迫《せま》られることになります。

キチンと教わったこともない、知る術《すべ》も限られているなかで「自分が働くことについて考えなさい」といわれても、社会人になることに対する怖さや不安が募《つの》る一方ではないでしょうか。


この本は、そんな「働くことへの不安」を少しでも取り除いてもらいたいと思い、会社員の働き方について「わかりやすさ」を大切に書き上げました。会社で働き始めるときのこと、働く時間や休日、給料、会社員を取り巻く制度などを説明しています。

就職活動中の人や入社を控えている人なら、知らなかった世界を覗《のぞ》いてみることで、自分自身が働くということに対して具体的なイメージがわくと思います。

また、すでに社会人として働いている人も、実際の働き方と比べながら読むことで新たな発見があるかもしれません。

きっと、これからの働き方を考えるきっかけになると思います。


それでは、主人公ソウマと一緒に「会社のことを知る旅」に出かけましょう！

もくじ

第7章 働き方にルールは必要なの？ 125

第8章 働き方を選択する 143

この本の使い方

この本は、①マンガ ②概要 ③ポイント図解の３つの要素で構成されています。

１章から順に読めば、会社に入社してから退職するまでの流れを順番に学ぶことができます。

もちろん気になる項目から読み始めてもOKです。

STEP 1

まずはマンガでテーマをつかもう

身近なできごとから
イメージをふくらまそう

各章のテーマをイメージしてもらいやすくなるように、章のはじめに導入マンガを入れています。

STEP 2

基本的な知識をつけよう

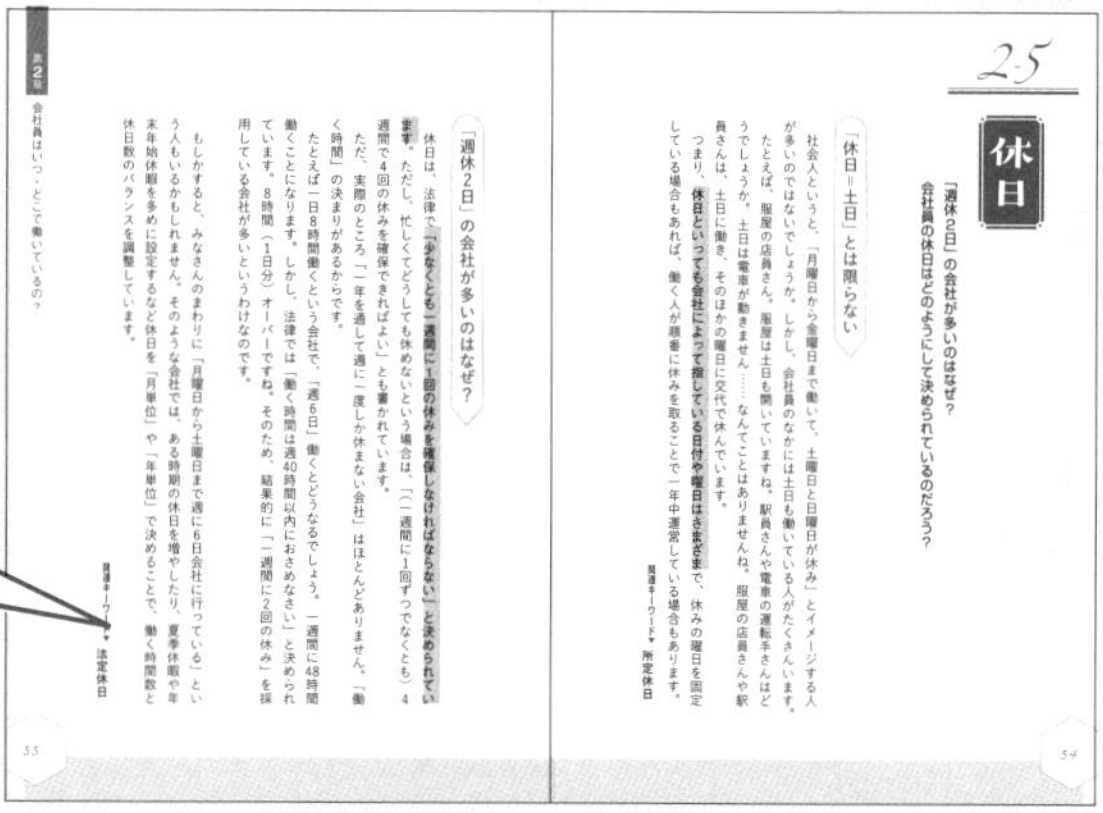

2-5

休日

「週休2日」の会社が多いのはなぜ？
会社員の休日はどのようにして決められているのだろう？

「休日＝土日」とは限らない

社会人というと、「月曜日から金曜日まで働いて、土曜日と日曜日が休み」とイメージする人が多いのではないでしょうか。しかし、会社員のなかには土日も働いている人がたくさんいます。たとえば、服屋の店員さん。服屋は土日も開いていますね。駅員さんや電車の運転手さんはどうでしょうか。土日は電車が動きません……なんてことはありませんね。服屋の店員さんや駅員さんは、土日に働き、そのほかの曜日に交代で休んでいます。

つまり、休日といっても会社によって指している日付や曜日はさまざまで、休みの曜日を固定している場合もあれば、働く人が順番に休みを取ることで一年中運営している場合もあります。

関連キーワード▼ 所定休日

54

第2章 会社員はいつ・どこで働いているの？

「週休2日」の会社が多いのはなぜ？

休日は、法律で「少なくとも一週間に1回の休みを確保しなければならない」と決められています。ただし、忙しくてどうしても休めないという場合は、「（一週間に1回ずつでなくとも）4週間で4回の休みを確保できればよい」とも書かれています。

ただ、実際のところ「一年を通して週に一度しか休まない会社」はほとんどありません。「働く時間」の決まりがあるからです。

たとえば一日8時間働くという会社で、「週6日」働くとどうなるでしょう。一週間に48時間働くことになります。しかし、法律では「働く時間は週40時間以内におさめなさい」と決められています。8時間（1日分）オーバーですね。そのため、結果的に「一週間に2回の休み」を採用している会社が多いというわけなのです。

もしかすると、みなさんのまわりに「月曜日から土曜日まで週に6日会社に行っている」という人もいるかもしれません。そのような会社では、ある時期の休日を増やしたり、夏季休暇や年末年始休暇を多めに設定するなど休日を「月単位」や「年単位」で決めることで、働く時間数と休日数のバランスを調整しています。

関連キーワード▼ 法定休日

55

どの項目から読み始めてもOK！

解説文に出てこなかった重要な用語はここでチェック

最低限知っておいてほしい概要をまとめました。
どのテーマも1～2分で読むことができます。

STEP 3

ポイントは図やイラストでおさえよう

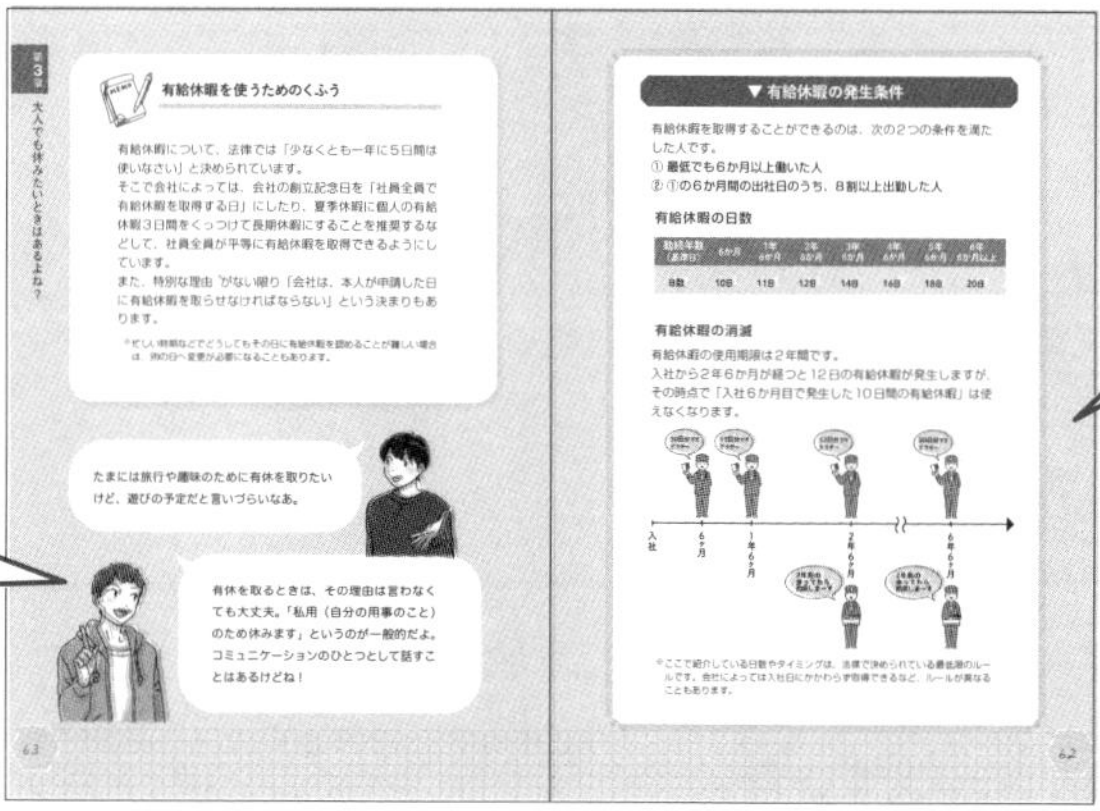

▼有給休暇の発生条件

有給休暇を取得することができるのは、次の2つの条件を満たした人です。
① 最低でも6か月以上働いた人
② ①の6か月間の出社日のうち、8割以上出勤した人

有給休暇の日数

勤続年数（基準日）	6か月	1年6か月	2年6か月	3年6か月	4年6か月	5年6か月	6年6か月以上
日数	10日	11日	12日	14日	16日	18日	20日

有給休暇の消滅

有給休暇の使用期限は2年間です。
入社から2年6か月が経つと12日の有給休暇が発生しますが、その時点で「入社6か月目で発生した10日間の有給休暇」は使えなくなります。

入社
6か月
1年6か月
2年6か月
6年6か月

※ここで紹介している日数やタイミングは、法律で決められている最低限のルールです。会社によっては入社日にかかわらず取得できるなど、ルールが異なることもあります。

62

第3章 大人でも休みたいときはあるよね？

有給休暇を使うためのくふう

有給休暇について、法律では「少なくとも一年に5日間は使いなさい」と決められています。
そこで会社によっては、会社の創立記念日を「社員全員で有給休暇を取得する日」にしたり、夏季休暇に個人の有給休暇3日間をくっつけて長期休暇にすることを推奨するなどして、社員全員が平等に有給休暇を取得できるようにしています。
また、特別な理由※がない限り「会社は、本人が申請した日に有給休暇を取らせなければならない」という決まりもあります。

※忙しい時期などでどうしてもその日に有給休暇を認めることが難しい場合は、別の日へ変更が必要になることもあります。

たまには旅行や趣味のために有休を取りたいけど、遊びの予定だと言いづらいなあ。
有休を取るときは、その理由は言わなくても大丈夫。「私用（自分の用事のこと）のため休みます」というのが一般的だよ。コミュニケーションのひとつとして話すことはあるけどね！

63

実際に働き始めてから使える知識が盛りだくさん

素朴な疑問はソウマとタク兄の会話で解決！

「これを知っておくと社会人になってから役に立つ」
情報をまとめています。

登場人物

タク兄（小山タクヤ）

教材制作会社の企画部で働く26歳。ソウマの家の隣に住んでいる、頼れるお兄さん的存在。

ソウマ（高木ソウマ）

大学１年生（18歳）。素直で真面目な性格。大学で就活生を見かけたことをきっかけに、働くことについて考えるようになる。

ソウマの母（ユキ）

近所の歯科医院で週３回、パートタイマーとして受付の仕事をしている。

ソウマの父（タカヒロ）

大手建設会社に勤めて30年。営業の仕事をしている。

ユウキ・メグ

ソウマの大学の友達。

伯父

ソウマの父親の兄。近所に住んでおり、ときどきソウマの家に遊びにくる。IT会社の人事部長をしている。

プロローグ

春
ついに大学生デビューー！
どんなサークルに入ろうかなあ
新入生歓迎会？何それ楽しそう！
わあ…!!
どう!?
新入生歓迎会
テニスサー
新歓し
WELCOME
サッカー部
ワー
ワクワク〜
ドキドキ〜
な〜サークルなに入る？
私はね〜
ス……

就職ガイダンス
就活かぁ……
まだ全然考えらんないよな～
俺はIT系目指すつもり
私は外資系かなあ英語活かせそうだし
そうとうごもさ
IT系なんだ～!!
そ…うなんだ…

みんなちゃんと考えてたなんて…
俺も考えなきゃ
でも何から考えたらいいんだ？
そうだ！
ガバッ
こういうときは人生の先輩に聞こう
あ、もしもしタク兄？
今からそっち行ってもいい!?

タク兄…幼馴染
隣の家の頼れる存在
ふむ 就職か
就職なんてまだ先でしょ？ 考えたこともなかったよ
就活が始まるのは3年生からだけど
意外とあっという間なんだよなあ
これを機に考えておいて損はないかも
タク兄ははじめからこんな会社に入りたいとかあったの？

全然！
まわりが就活し始めるまで何も考えてなかったよ
社会人になるの不安じゃなかった…？
そりゃあもちろん
就職先が決まってもソワソワしてずっと落ち着かなかったよ
で、
ソウマは会社ってどんなイメージ？

しょ…正直
あんまりいいイメージないかも…
残業……
連勤……
パワハラ上司……
怖いっていうか…
たしかに社会人になる前って不安だらけだよな〜
ぽんぽん
わからないことが多すぎるっていうかさ
わかるわかる

でもじつは、働く人が困らないように
会社にもいろいろ決まりがあるんだよ
そ、そうなの？
不安なら調べてみるといいよ
会社のことを知ることで安心できることもあると思うし
…うん、
わかった

数日後——
ガヤ
ガヤ
あ、また…
なあ、ユウキとメグはどこまで会社のこと調べてるの?

じつは…まだ
なにも…
私も…
ていうか、会社って
どういうところなのかさえ
想像つかないかも
う―――ん…
たしかに……
その日から僕は「会社で働く」という
ことについて
考えるように
なっていった

第1章

会社で働くには？

採用

タク兄
教材制作会社
企画部勤務
タク兄はなんで今の会社に入ろうと思ったの？
俺？
ん〜
大学で勉強したことを活かせたらなーって考えて決めたんだよな…
教育学部だったし……
15:06
ークナビ
求人案内

小山 タクヤ
16:48
慎重に選考いたしました結果
是非ともご入社いただきたく
思っております。
今後の詳細につきましては、
大変だったけど
いろんな会社を知る
いい機会だったな…

1-1

就職活動

会社に入るには、「調べて」「応募して」「試験を受けて」「内定する」必要がある。社会に出て働くためのステップを見てみよう。

就職活動の流れは？

社会に出て働くことを「就職」と呼び、自分が就きたい仕事や会社を見つけ、採用が決まるまでの活動を**就職活動**《しゅうしょくかつどう》、略して「就活《しゅうかつ》」と呼びます。

就職活動では一般的に、興味を持った会社に「応募（エントリー）」し、面接や筆記試験といった選考を重ねていくことになります。その結果、最終的にお互いに「あなたと一緒に働きたいです」となれば採用です。

採用が決定してから実際に働き始めるまでの状態を「**内定**《ないてい》」といいます。

会社ってどうやって調べるの？

ところでみなさんは、「会社」と聞いて、どんな会社を思い浮かべるでしょうか？

たとえば、ファストフードのマクドナルド、ゲームやおもちゃの任天堂、電車を運行しているＪＲなどは、誰もが一度は名前を聞いたことがある会社ですね。このような「知っている会社」や「身近な会社」なら、ネットで検索するなどして調べることができます。

しかし実際には、私たちが知らないだけで、日本には現在※３８０万社を超える会社があります。この「まだ知らない会社」を調べるときに役に立つのが**「求人票《きゅうじんひょう》」**です。

求人票とは「人を求める」と書くように、「一緒に働いてくれる人を募集しています。こんな条件ですが興味ありませんか」と会社が出している情報のこと。ネット上の就職サイトや学校のキャリアセンター、ハローワーク（全国各地にある仕事探しの場所）などで見ることができます。

ただ、求人票はあくまでもひとつの情報にすぎません。求人票には書かれていない仕事内容や職場の雰囲気を知る機会として、学校を通じて自分が興味をもった会社で働いている先輩に話を聞くことができたり、「インターンシップ」と呼ばれる職業体験に参加するなど、さまざまな方法で情報を集めることができるようになっています。

※総務省「経済センサス活動調査」（２０１６年）

▼求人票にはこんなことが書いてある

最近は、スマホで簡単に就職サイトを見ることができます。
みなさんが気になる項目はどれでしょうか？

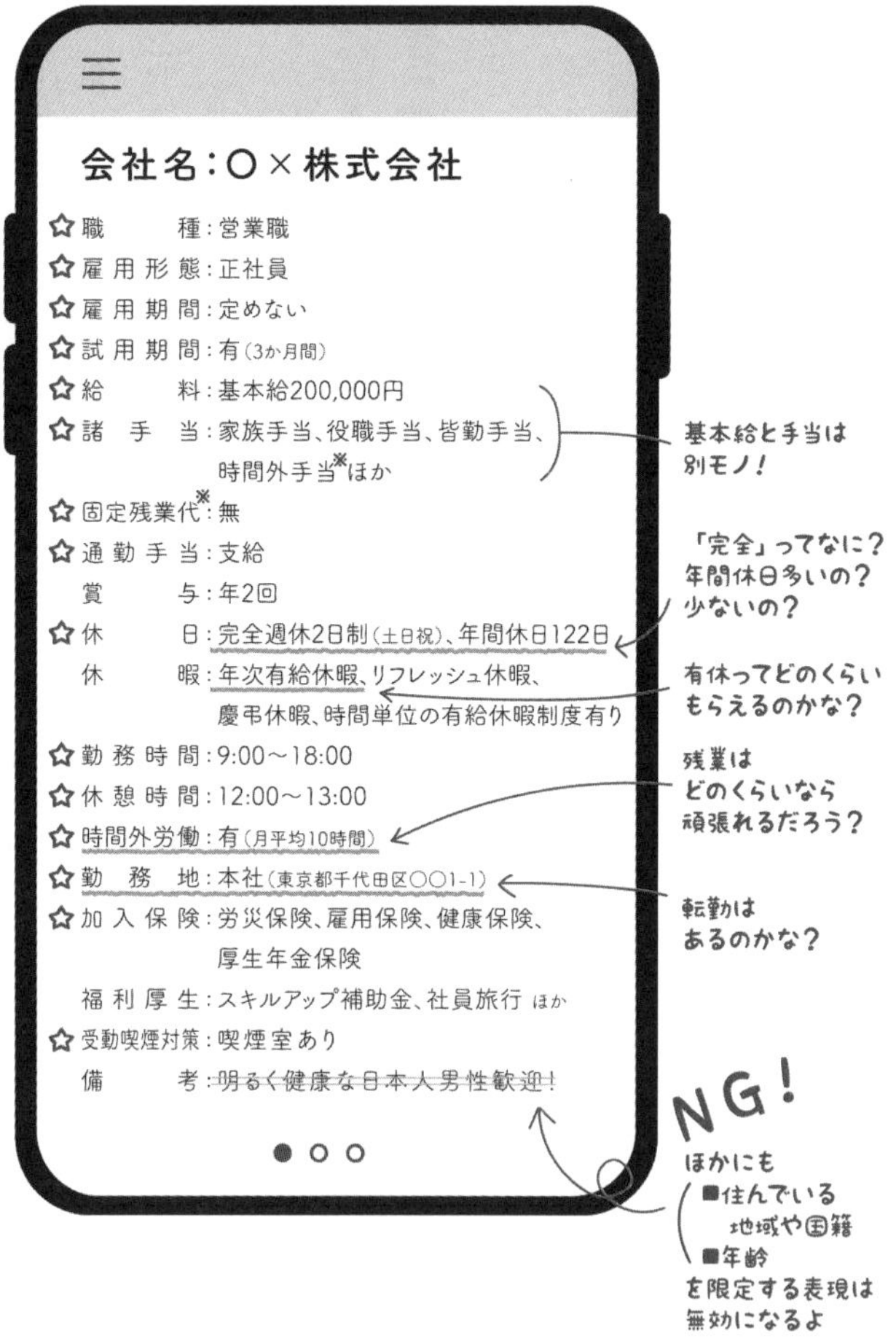

会社名：○×株式会社
☆職　　種：営業職
☆雇用形態：正社員
☆雇用期間：定めない
☆試用期間：有（3か月間）
☆給　　料：基本給200,000円
☆諸 手 当：家族手当、役職手当、皆勤手当、時間外手当※ほか
☆固定残業代※：無
☆通勤手当：支給
賞　　与：年2回
☆休　　日：完全週休2日制（土日祝）、年間休日122日
休　　暇：年次有給休暇、リフレッシュ休暇、慶弔休暇、時間単位の有給休暇制度有り
☆勤務時間：9:00～18:00
☆休憩時間：12:00～13:00
☆時間外労働：有（月平均10時間）
☆勤 務 地：本社（東京都千代田区○○1-1）
☆加入保険：労災保険、雇用保険、健康保険、厚生年金保険
福利厚生：スキルアップ補助金、社員旅行 ほか
☆受動喫煙対策：喫煙室あり
備　　考：~~明るく健康な日本人男性歓迎！~~
基本給と手当は別モノ！
「完全」ってなに？ 年間休日多いの？ 少ないの？
有休ってどのくらいもらえるのかな？
残業はどのくらいなら頑張れるだろう？
転勤はあるのかな？
NG!
ほかにも
■住んでいる地域や国籍
■年齢
を限定する表現は無効になるよ

☆ は必ず書かれている項目
※ **時間外手当**…実際に残業した時間分のお金が支払われる。
固定残業代…残業の有無にかかわらず一定の金額が支払われる。
固定残業代が支払われる場合でも、決められた残業時間数を超えたら時間外手当が支払われます。

▼応募から採用までのステップ

就職活動は「１社しか受けてはならない」という決まりはありません。同時にいくつもの会社に応募することが一般的です。

応募（エントリー） → 選考（筆記試験・面接など） → 内定（採用決定）

この間ニュースで「内定取り消し」という言葉を見たよ。せっかく内定が出たのに取り消されたらいやだなあ。

内定後に会社が「採用できない」と判断することを内定取り消しというよ。でも、会社の売上が大幅に下がって、このまま採用しても会社がつぶれちゃうかも……という状態になるなど、「どうしても」という場合にしか認められていないから安心してね。

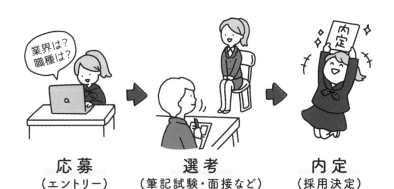

1-2

雇用契約

働くときには、会社と「契約」することになる。
契約ってなんだか難しそう。どんなことが書かれているのだろう？

「契約」とは？

私たちは、知らず知らずのうちにたくさんの「契約」をしています。たとえば自動販売機でジュースを買うのは、お金を払ってジュースを買うという「契約」。塾に通うのも、お金を払って勉強を教えてもらう「契約」をしていることになります。

同じように、働くときには「雇用契約」を結びます。**雇用契約とは、「（会社は）Aさんを責任をもって雇います。（Aさんは）会社でしっかり働きます」という取り決めのこと**です。

会社に入ると、みなさんは会社から**「雇用契約書《こようけいやくしょ》」**または「労働条件通知書」という書類を渡されます。これらは「働くにあたっての約束ごと（＝**労働条件《ろうどうじょうけん》**）」が書かれた書類で、仕事の内容や働く場所、休日や休暇、給料はもちろんのこと、みなさん（個人）と会社がお互いに守るべきルールなどが書かれています。

どうして契約しなきゃいけないの？

契約と聞くと「簡単に辞められないのだろうか」「一度でもミスしたら責任を取らされるのだろうか」などと不安になるかもしれません。

しかし、それは心配無用です。契約をしたからといって何でも会社の言いなりにならなければならないという意味ではありません。

法律では、会社は働く人に対して、入社時に必ず労働条件を示さなければならないと定められています。これは、**仕事内容や給料などについてハッキリさせることによって、みなさんが安心して働けるようにするため**です。ですから、内容について不安な点があれば質問もできますし、意見を言うこともできます。

なお、会社で働き始めるときは、自宅の住所や電話番号、生年月日といった個人情報※を提出します。**会社は、みなさんと雇用契約を結ぶことで、みなさんの身元を保証したり、代表者として公の手続きを行う役割も果たす**からです。

※そのほか、会社で知った秘密情報を外部に漏らさないことを約束する誓約書などの提出を求められることもあります。

▼ 雇用契約書にはこんなことが書いてある

難しく感じるかもしれませんが、みなさんがこれからどんなふうに働くかが書いてあります。必ず目を通しておいてくださいね。

雇 用 契 約 書

○×株式会社(以下、「甲」という)と○○○○(以下、「乙」という)は、下記の労働条件のもとに雇用契約を締結する。

☆雇用期間：定めない※1

☆雇用形態：正社員

☆勤務地：本社(東京都千代田区○○1-1)※全国の事業所に転勤することもある

☆仕事内容：営業職(新しい取引先開拓、既存の取引先まわり、営業に関する事務など)

☆勤務時間：9:00～18:00(所定労働時間　1日8時間、1週間40時間)※時差出勤制度あり

☆休憩時間：60分

☆時間外労働や☆休日勤務の有無※2：時間外労働…有(月10時間程度)、休日勤務…有(月1回程度)

☆休日：土日祝、年末年始、夏季休暇(年間休日122日)

☆休暇：年次有給休暇(法律どおり。時間単位の有給休暇制度有)、
リフレッシュ休暇(年3日まで)、慶弔休暇

☆給料：(1)月給
基本給　200,000円
皆勤手当　5,000円
通勤手当　10,300円
金額は人によってちがうので注意して見よう
(2)給料の締め日・支払日・支払方法
締日…毎月月末、支払日…翌月25日、支払方法…銀行振込
(3)割増賃金、昇給(給料アップ)や賞与、退職金など
賃金規程そのほかの規程に定めているとおり

☆退職：(1)定年　60歳(希望者は65歳まで再雇用)
(2)自己都合による退職の場合は、2か月前に伝えること
(3)解雇事由は就業規則に定めるとおり

契約の更新・基準：この契約は期間を定めないため対象外

加入している保険：労災保険、雇用保険、健康保険、厚生年金保険

相談窓口：総務部(内線 ○○○)

その他：詳しい内容は就業規則・賃金規程そのほかの規程による

○年○月○日

甲　○×株式会社

乙　高木リウマ　印

☆をつけた項目は、必ず紙やデータなどの文字で示すというルールがあります。もし口約束だけで働き始めることになった場合は、「書いたものを見せてください」ということができます。

※1　雇用形態が契約社員やパートタイマーの場合は期間が定められることが一般的です。期間終了後の扱いは、「契約の更新・基準」欄に記載されます。

※2　1時間でも残業する可能性があれば「有」と書かれるため、残業や休日出勤が「必ずある」という意味ではありません。

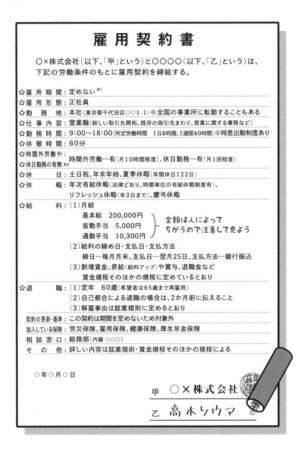

▼会社が個人情報の提出を求める理由

会社にはみなさんのことを知る義務があります。面倒な手続きを行ってくれたり、いざというときに守ってくれます。

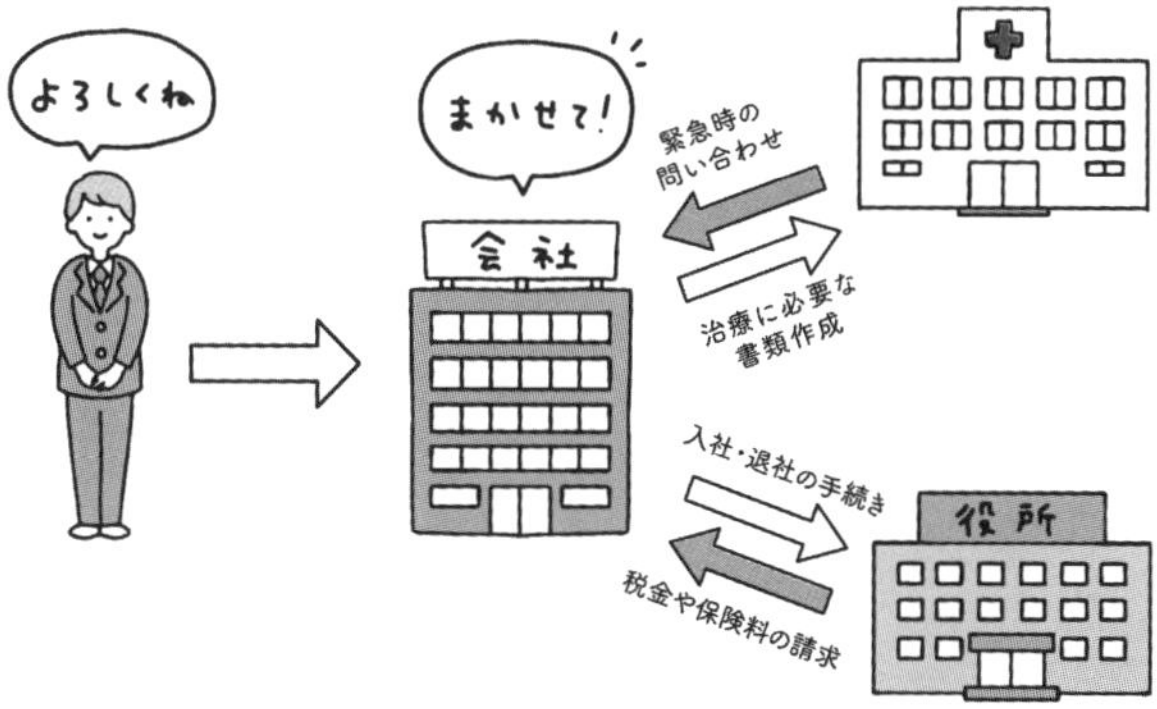

▼代表的な社員の種類

	正社員	契約社員	パート・アルバイト
働く期間	✕ 特に定めない	○ 6か月間や1年間など期間を定めて働く	△ 3か月間や6か月など期間を定めて働くことが多いが、期間を決めない場合もある
給料の支払われ方（一般的な例）	月給	月給または日給	時給
働く時間数・日数	週35～40時間、週5日が多い	正社員と同じ時間数働くことが多い	週1日～正社員並みの日数・時間まで、幅が広い

1-3

試用期間

いよいよ社会人生活がスタート！ まずはお試し期間でお互いのことを知るところから始めよう。

どうして試用期間を定めるの？

正社員として採用する場合、世の中の多くの会社では、新しく採用した人に対して「**試用期間**《しようきかん》」を定めています。試用期間とは、「お試し」で雇《やと》う期間／働く期間のこと。期間の長さは会社が決めることができ、入社後2～6か月間としている会社が一般的です。

なお、試用期間といっても働き始めるときには「雇用契約」（28ページ）を結んでいます。つまり、会社として責任をもって雇うことを約束し、働く本人も責任をもって働くことを約束しています。ですから、試用期間中は給料を支払わないということはできませんし、反対に試用期間中だからといって手を抜いた仕事をしてよいというわけでもありません。

お試し期間というひとつの区切りを設けることで、「この会社で働けそうかどうか」をお互いに見極める機会を作っているのです。

試用期間が終わったら？

試用期間が終わると「本採用」※となりますが、試用期間中の働きぶりによっては「会社から本採用を断られることがあるのか」と心配になる人もいるかもしれません。

結論としてはありえます。しかし、頻繁《ひんぱん》に起こることでもありません。

会社から本採用を断られるケースとしては、たとえば、経歴をごまかしていたなど重大なウソがわかったとき、体調を崩してほとんど出勤できず、回復のめども立たないときなどです。

反対に、仕事の内容や人間関係を理由に働き続けるのが難しいと判断したり、会社が法律違反をしていることがわかった場合などには、自分から採用を断ることもあります。

ただ、実際のところ、2～6か月という短い期間でお互いに「この会社に合っている人なのか」「この仕事が自分に合っているのか」を判断するのは難しいですよね。ですから、**試用期間のあとの「お断り」は「ありえるけれど、頻繁に起こるわけではない」**ということになるわけです。

※会社によって本採用通知書が渡されたり、上司との面談がある場合もありますが、とくに何もないこともあります。

▼会社で働き始めるまでの流れ

就職活動は、いままで知らなかった会社のことを知るいい機会です。慣れないことばかりで最初は戸惑うかもしれませんが、調べていくうちにきっといい出会いがあるはずです。

会社のことを知る	求人票を見る、会社説明会やインターンシップ（職業体験）の参加など
↓	
応募（エントリー）	就職サイトやハローワークから求人に応募（エントリー）する
↓	
選考	筆記試験や面接試験などを受ける 面接は個人面接やグループ面接など会社によってさまざまで、複数回行われるのが一般的
↓	
内定（採用決定）	電話やメールで連絡を受ける 後日内定通知書が会社から送られてきたり、内定式が行われることもある
↓	
入社	雇用契約を結ぶ 個人情報や誓約書を提出する
↓	
試用期間（正社員採用の場合）	入社後2～6か月間程度、お試し期間として働く
↓	
本採用	正式採用となる

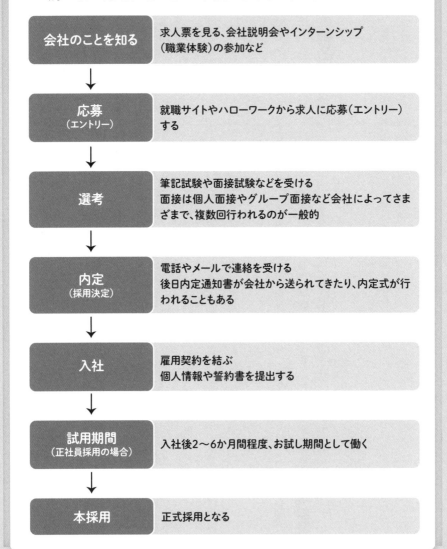

第2章

会社員は いつ・どこで働いているの？

勤務

ソウマの父…タカヒロ
ソウマの母…ユキ
ユキちゃん、明日は家で仕事するよ
了解〜
じゃあお昼ご飯が必要か…
え！
会社で仕事しないの？
いつもとちがうね
うん、前まではそれがあたりまえだったけど
今は家やカフェで仕事する人も増えてきてるよ

会社に行かなくても
みんな真面目に
仕事するの？
？
会社にいるときとやることは
変わらないから
結構忙しいんだよ…
でも通勤時間はなくなるし
リラックスできる
場所のほうが集中できるし
オフィス
50min
0min
家
そっか時間も……
父さんは
助かってるかな
会社員ってオフィスで働く
イメージがあったけど
へ～！
働く場所は
ほかにもいろいろあるんだな…

2-1

働く時間・休憩

社会人になれば、一日の多くの時間を仕事に使うことになる。働く時間にはどんな決まりがあるのか見てみよう。

働く時間にルールはあるの？

働く時間は、法律で「一日8時間以内、一週間40時間以内で働くこと」とされています。法律で定められたこの基準を**「法定《ほうてい》労働《ろうどう》時間《じかん》」**と呼びます。会社は、この範囲のなかで働く時間数を決定します。

たとえば、「一日7時間働く」と決めている会社もあれば、「一日8時間」という会社もあります。また、「週40時間働く」と決めている場合でも、「月曜日から金曜日まで5日間働いて週40時間」という会社もあれば、「月曜日から金曜日までは7時間、土曜日は5時間働いて週40時間」という会社もあります。

このように会社ごとに決められた時間を**「所定《しょてい》労働時間」**と呼びます。

「会社」が決めるか「働く人」が決めるか

会社によっては、**「月単位」や「年単位」で働く時間を決めていることも**あります（**変形労働《へんけいろうどう》時間制《じかんせい》**）。

たとえば、「毎年決まって夏の時期が忙しい」という場合には、夏の期間は「一日9時間」、そのほかの期間は「一日7時間」というように、一年間でやりくりしています。また、「うちの会社は週4日勤務です」と打ち出し、「一日10時間」とする会社もあります。

そのほかにも**「フレックスタイム制」**といって、※**「1か月間（最長で3か月間）に何時間働くか」だけが決められており、毎日の働く時間帯や時間数を自分で決められる（選べる）働き方**もあります。

あるいは、**「裁量労働制《さいりょうろうどうせい》」**といって**「実際に何時間働いたとしても8時間働いたものとみなしますよ」という制度**もあります（何時間とみなすかは、会社によって異なります）。毎日の出社・退社の時刻をはじめ、1日・1か月に何時間働くかということも自分で決めます。

※フレックスタイム制を導入している会社のなかには、「この時間帯は必ず働く」という時間帯（コアタイム）や「出社は7時～10時の間で自由に選ぶ」という出退勤の時間の幅（フレキシブルタイム）を設定している場合もあります。

▼ 働き方のスタイルはいろいろ

働く時間は原則「一日８時間・週40時間以内」ですが、仕事の内容に合わせて柔軟に対応している会社も増えています。

変形労働時間制
- 1か月ごとや1年ごとで働く時間をやりくりする制度
- 働く時間数は「会社」が中心に決める

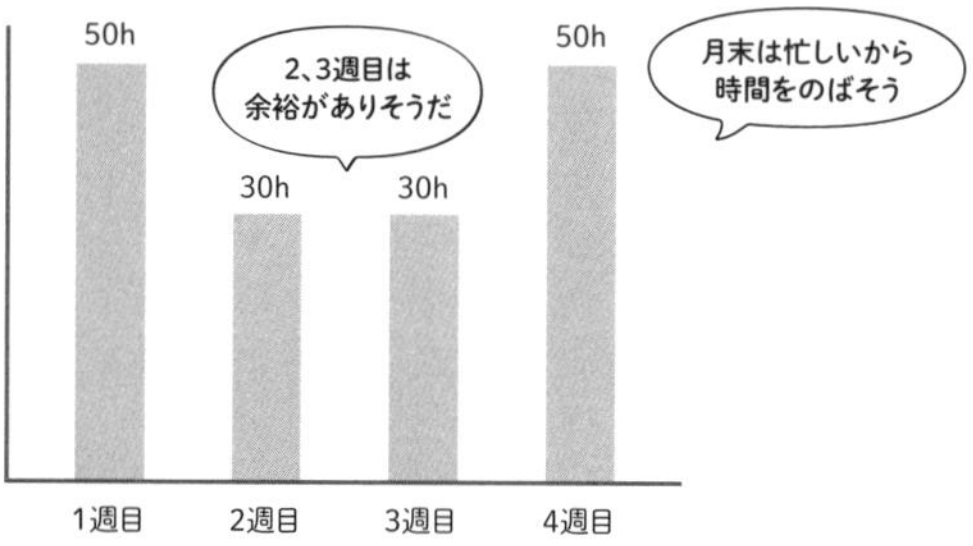

フレックスタイム制
- 会社が決めた時間数のなかで、1日の働く時間をやりくりする制度
- 出社・退社の時刻を「働く人」が決める

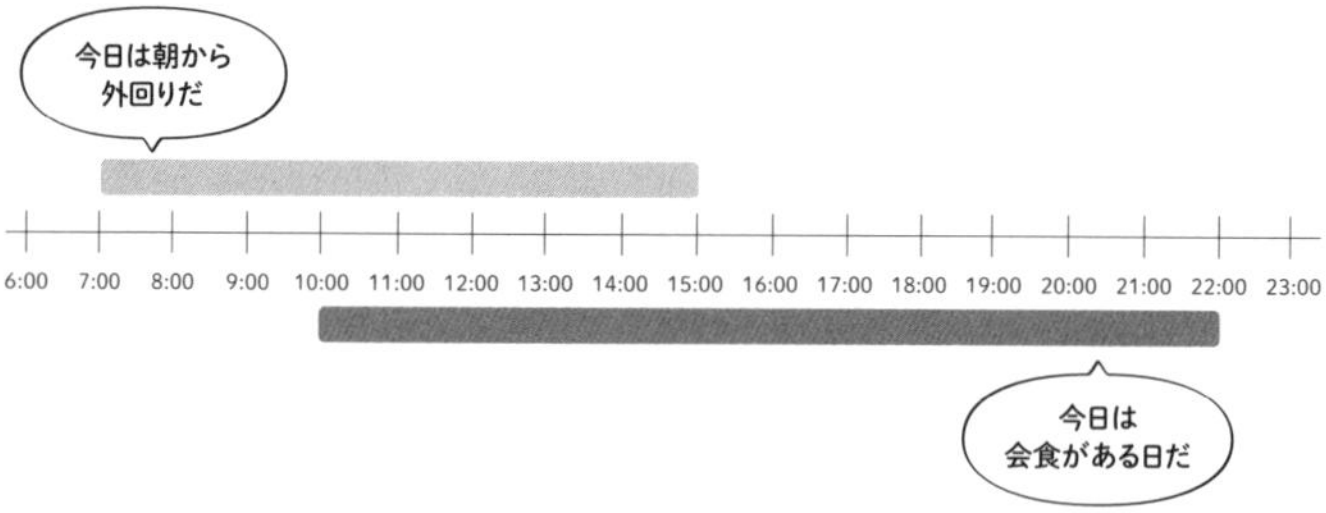

裁量労働制
- 実際に何時間働いたかに関係なく、会社が決めた時間数働いたことにする制度
- 出社・退社の時刻、1日・1か月の働く時間数を「働く人」が決める

※この制度が使える仕事内容は限定されています（新聞記者、研究者など）。

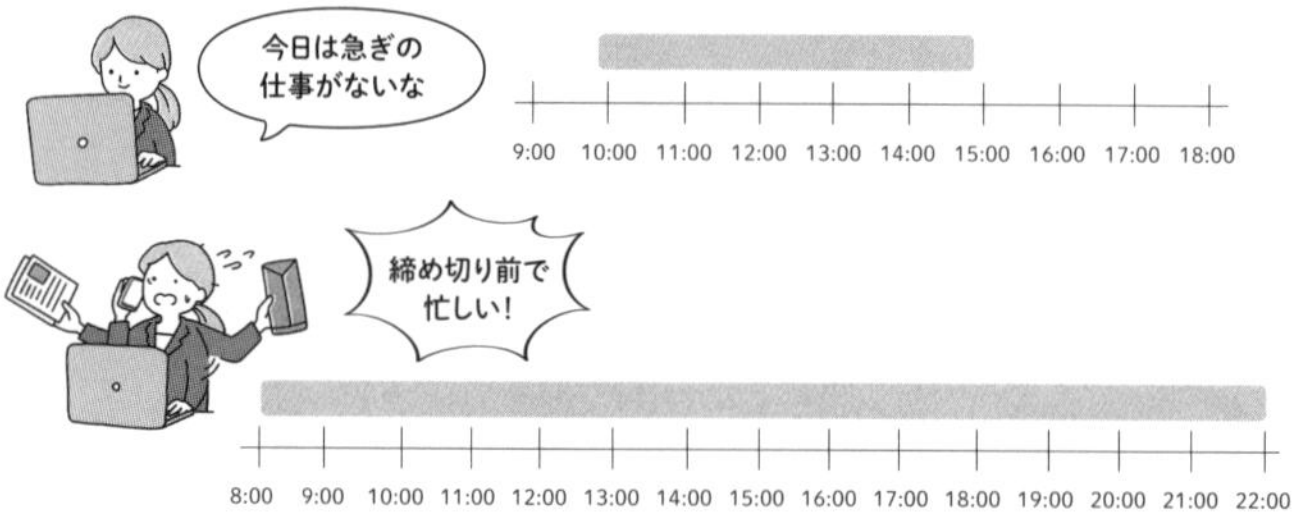

▼休憩時間にもルールがある

１日に何時間も仕事をすることは、精神的にも体力的にも大変なことです。無理せず働くことができるように、法律では、働く時間に応じて休憩時間のルールも決められています。

働く時間数	休憩時間
8時間を超えるとき	1時間
6時間を超えるとき～8時間ちょうど	45分間
～6時間ちょうど	休憩なしでもOK

例 朝９時から働いた場合

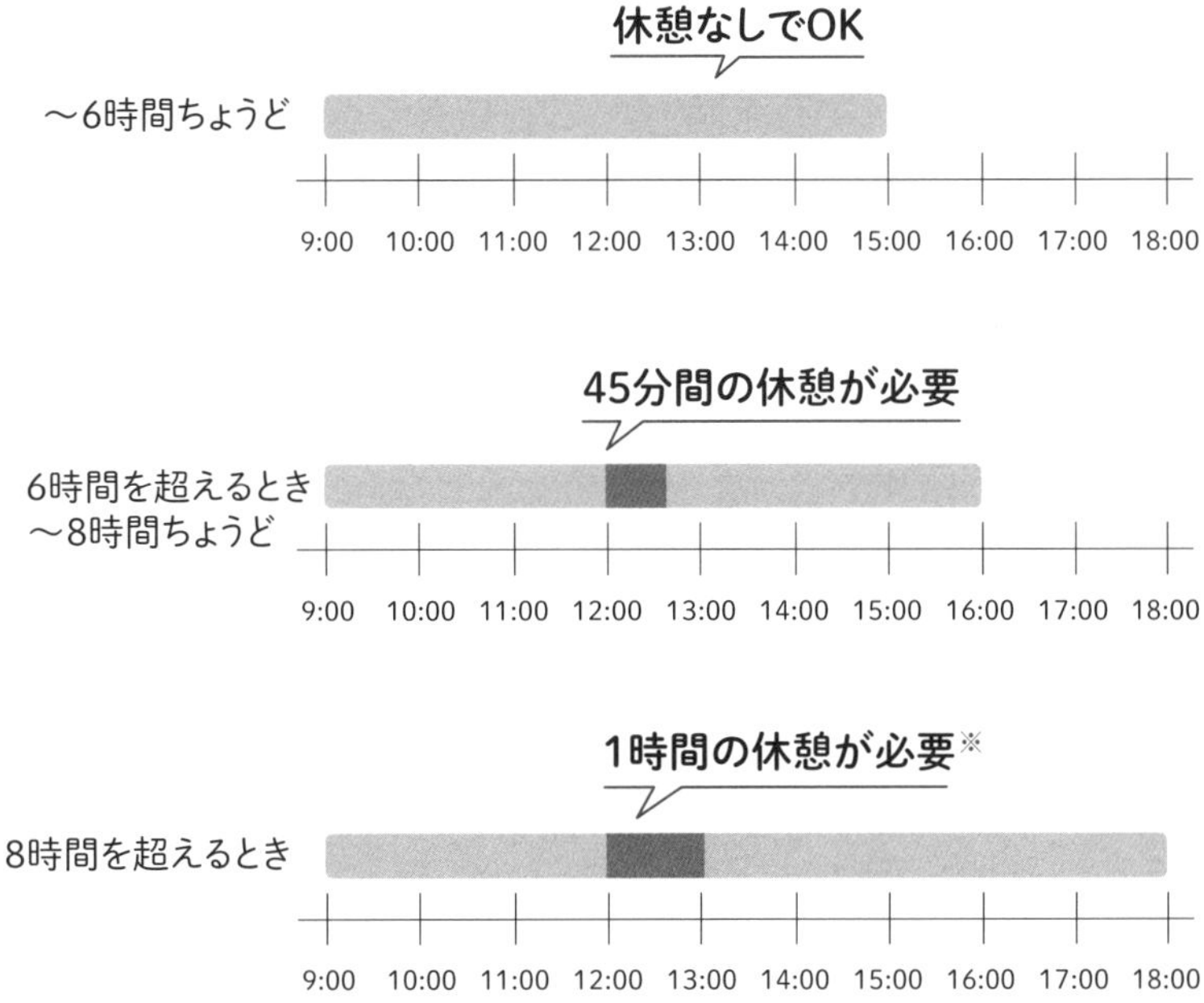

※「45分と15分の２回」というように、休憩時間を分割している会社もあります。

2-2

残業・休日出勤

ときには時間内に仕事が終わらないこともあるかもしれない……。
ここでは残業や休日出勤について見てみよう。

残業ってルール違反にならないの？

残業は、働く時間を延長して働くことをいいます。「**時間外労働**《じかんがいろうどう》」ということもあります。

一方、**休日出勤**《きゅうじつしゅっきん》とは、「休みの日に働くこと」です。たとえば、「土曜日と日曜日が休み」と決められている会社で、土曜日に働く場合などをいいます。

残業や休日出勤は、法律で認められているわけではありません。2-1（働く時間）でお話ししたように法律では「働く時間は一日8時間、週40時間以内におさめること」とされているからです。

しかし、実際には残業をしている会社はたくさんあります。

じつは法律には続きがあって、「ただし、会社（実際には社長など会社を経営する人）と社員が話し合って決めた時間数については残業や休日出勤をしても構わない」となっているからです

（時間数の上限については法律に決まりがあります）。

この約束ごとは「**労使協定**《ろうしきょうてい》（**36**《サブロク》**協定**）」といって、必ず書面で残すこととされています。

ですから、残業や休日出勤がある会社には必ずこの労使協定があります。**労使協定がなければ、会社は残業や休日出勤を命じることはできません。**

休日に働いたら休みが減るの？

残業や休日出勤とあわせて知っておきたい「**振替休日**《ふりかえきゅうじつ》」という制度があります。

振替休日とは、「働く日」と「休みの日」を入れ替える（振り替える）制度です。「土曜日は休みの日」と決められた会社で、前もって「次の土曜日と、来週の木曜日を入れ替えます」と申請すると、土曜日は「働く日」に、働く日である木曜日は「休みの日」になります。

たとえば事前に大事な商談が土曜日に入ることがわかっている場合などには、この制度を使って休みを確保することができます。

ポイントは、「〇日と△日を振り替えます」と「前もって」申請する点です。事前に入れ替える日を決めておらず、あとから「〇日に出勤したので、△日に休ませてください」といった場合は「振替」にはならず、単に「代わりに休んだだけ（代休《だいきゅう》）」となります。

▼ ふたつの残業

残業には、「通常残業」と「早出残業」の２種類があります。
勤務時間が9:00 ～18:00（1時間休憩）の場合で見てみましょう。

通常残業（つうじょうざんぎょう）

▼ 決められた勤務時間を延長して働く

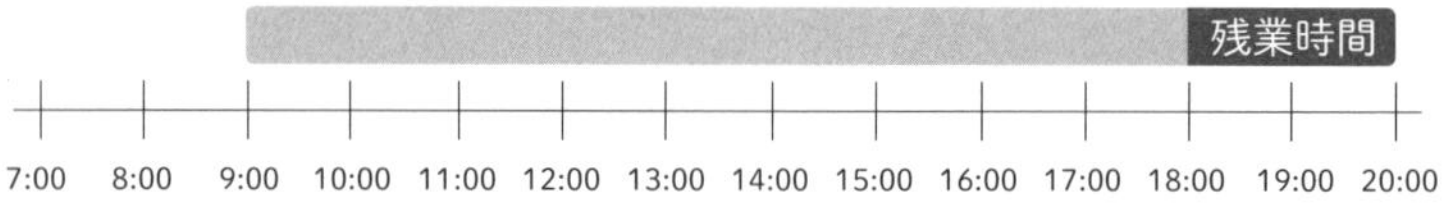

早出残業（はやでざんぎょう）

▼ 出勤時間よりも早く出社して 18:00まで仕事をする

勤務時間の合計が 8時間を超えたところから 残業扱い

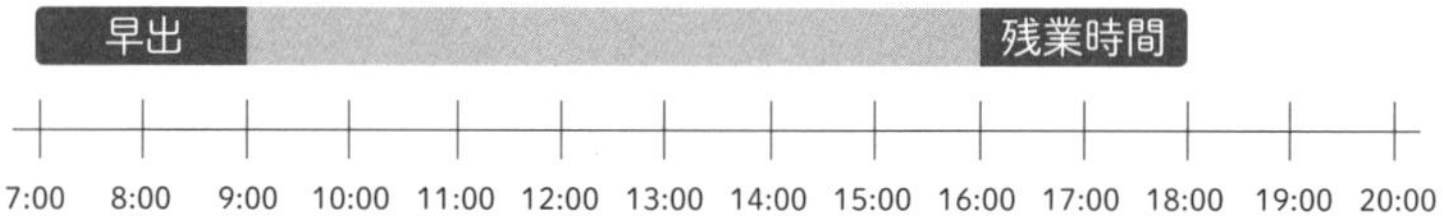

▼ 休日出勤

次のような場合を休日出勤といいます。

▼ 通常（休日は土曜日と日曜日）

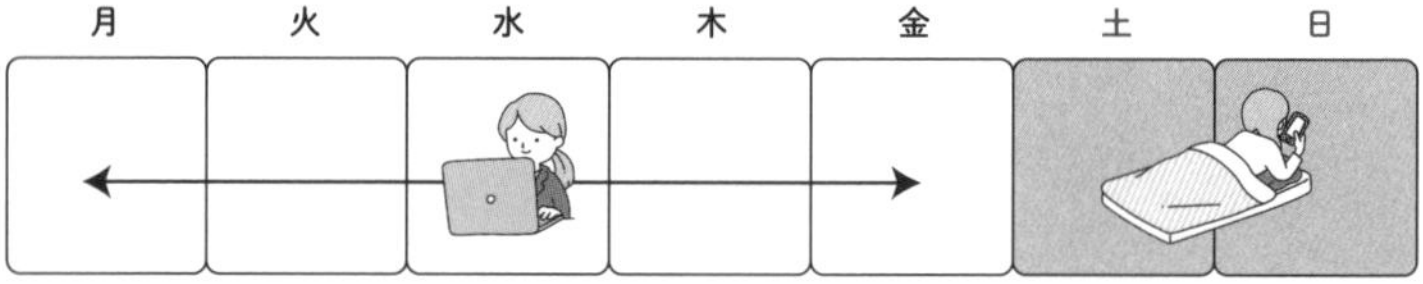

▼ 休日出勤（休日である土曜日に働く）

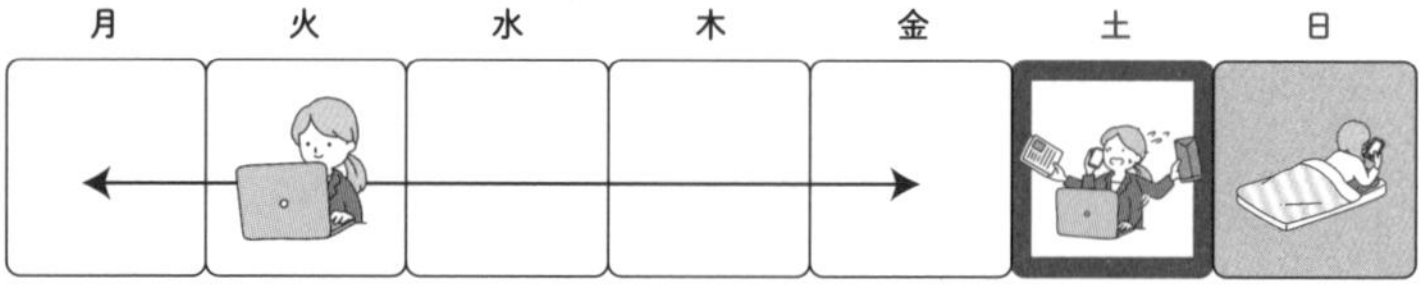

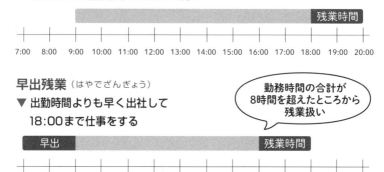

残業って正直あまりいいイメージないなあ。

たしかに、残業をしているのに給料が出ない「サービス残業（サビ残）」や、残業が多くて体や心が病気になってしまったという悲しいニュースも多いよね。

働きすぎで病気になったり、頑張りの認められない残業はなくすべきだよね。時間内に仕事を終わらせて、帰りに食事や買い物を楽しんだり、家でゆっくり休む。健康に働くためにはこれがいちばん理想的な働き方だね。
でも、学校生活や部活動で、残って勉強や練習をしたことが結果的に自分のためになったっていう経験はない？

あ～。最初はいやいやだったけど、途中からコツがわかって、気づいたら「もうこんな時間!?」みたいなね。

そうそう。残業や休日出勤も、本来は成果につなげるために行うものなんだよ。目標や意味をもって必要なときだけ。これが大事だよ。

▼「働く日」と「休みの日」を入れ替える

仕事の都合で休みの日に働くことになった場合に、休みを確保する2つの方法があります。

振替休日（ふりかえきゅうじつ）

▼ 休日出勤する「前に」働く日と休みの日を入れ替える

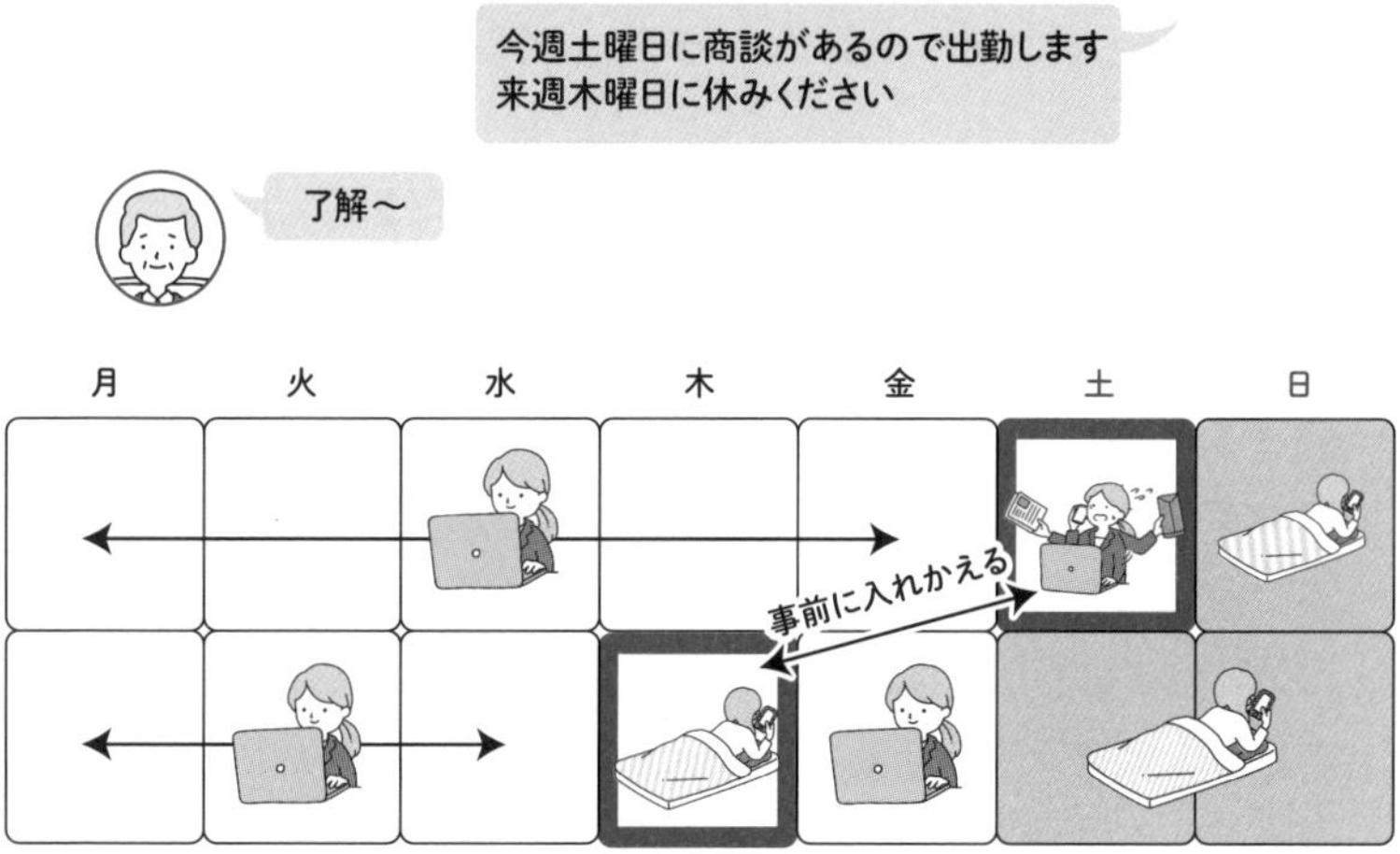
今週土曜日に商談があるので出勤します
来週木曜日に休みください
了解～
月
火
水
木
金
土
日
事前に入れかえる

代休（だいきゅう）

▼ 休日出勤した「後に」休みの日を決める

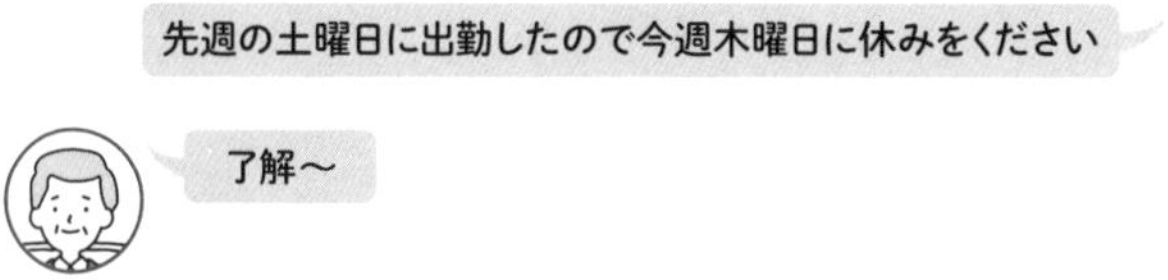
先週の土曜日に出勤したので今週木曜日に休みをください
了解～

振替休日と代休のどちらがよいかは人によって考え方が異なりますが、仕事の状況は日ごとに変わっていきますから、あらかじめ休む日を決めておいたほうが安心して休みを確保できるというメリットがあります。

▼会社と働く人との約束ごと

残業や休日出勤をどの程度認めるかをはじめ、会社と働く人の間には、さまざまな約束ごとがあります。約束の内容は、次のようなものに記されています。

	労使協定	労働協約	就業規則	雇用契約
どんなもの？	働く条件について交わす協定（約束ごと）のこと	働く条件について交わす協定（約束ごと）のこと	働き方のルールブック	働く一人ひとり（個人）と会社が結ぶ契約のこと
誰と誰が約束する？	社員代表※と会社（経営者）	労働組合と会社	働く人と会社	働く一人ひとり（個人）と会社
確認方法	社員代表※か人事担当に尋ねる	（自分が所属する）労働組合に尋ねる	誰もが見ることができる状態にされている（場所・方法は社内ネットワーク上、オフィス内の共用棚、一人ひとりに配布など会社によってさまざま）	一人ひとり紙で渡される。本人（個人）の希望によりデータで渡されることもある
補足	残業時間数や有給休暇の取り方など、労使協定が必要な項目は法律で決まっている	労働組合とは、働く環境をよくするために活動することを目的として作られる団体のこと	社員の人数が10人以上（支店などがある場合は、ひとつの支店で10人以上）になったら作成して、労働基準監督署に届出する	書いてある内容は就業規則に似ているが、仕事の内容や働く場所、給与の金額など、個人ごとに異なる内容についても細かく記載されている

※ 社員代表は選挙や話し合いによって働く人のなかから決められます。労働組合がある場合は、労働組合の代表者が兼ねることもあります。任期について法律に決まりはありませんが、1年に一度選び直す会社が多いです。

2-3

働く場所

いまいちばん変化しているともいえる「働く場所」。
この先まだまだ新しい選択肢が増えるかも？

会社員はどこで働いているの？

会社員の「職場」と聞くとオフィスを思い浮かべる人も多いかもしれませんが、**働く場所はオフィスのなかだけではありません**。

たとえば、工場で働く人もいれば、建設現場で働く人もいます。営業職のように、お客様の会社を訪ねる時間が多い人もいます。あるいは、IT企業のエンジニアであれば、取引先の会社内で仕事をするかもしれません。また、コンビニのスーパーバイザーと呼ばれる人は、いくつもの店舗を回って売り上げを伸ばす方法を考えたり、問題が起きていないかをチェックします。

働く場所が変わるという意味では、**「出張《しゅっちょう》」**もそのひとつです。**出張とは、遠方に出向いて仕事をすること**。場合によっては海外に行くこともあります。

テレワークという働き方

最近は、家で仕事をする**「在宅勤務《ざいたくきんむ》」**や、会社（オフィス）とは違う場所（カフェや貸しオフィススペース）で仕事をする「モバイルワーク」といった働き方も増えました。このように、オフィスから離れた場所で仕事をすることを**「テレワーク」**と呼びます。

現在、テレワークができる仕事の種類は限られています。パソコンさえあればできる仕事がある一方で、製造業などのモノ作りは機械がなければできないことが多いですし、医療現場ではお医者さんや看護師さんが病院にいてくれないと困ってしまいますね。

ただ、いまテレワークで働いている人たちの仕事も、ほんの数年前まではオフィスで仕事をすることがあたりまえだと考えられていました。この先AIの登場や新しい考え方により、さらに遠隔で働くことのできる仕事が増えるかもしれません。

2-4

人事異動

新しい環境に新しい出会い。いろんな場所で働くのも経験のうち。
転勤や仕事内容の変更について確認しよう。

「転勤」と「職種変更」

会社員として働いていると、その間にいろいろな「変化」が起こるものです。そのひとつに**「転勤《てんきん》」**があります。

転勤とは、「勤務地を転換する」と書きます。つまり、同じ会社に所属しているけれど「働く場所が変わる」ということです。

ほかにも、**「働く場所は変わらないけれど、仕事の内容が変わる」という「変化」**もあります。

この変化を**「職種変更《しょくしゅへんこう》」**といい、一般的には部署が変わります。

関連キーワード▼配置転換（転勤・職種変更）

「出向」と「転籍」

転勤や職種変更は同じ会社のなかで起こる変化ですが、「働く会社が変わる」というケースもあります。

たとえば、これまでA社で働いていた人がB社で働いてくださいと言われた場合、所属する会社自体が変わります。B社で働く人にA社のもっている技術を教えることを目的としたり、B社で働くほうが本人のスキルアップになると考えた場合、会社がこのような判断をすることがあります。

この変化には2つのタイプがあります。

ひとつは、**いま勤めている会社の社員という身分のまま、一時的に別の会社で働く**場合。これを**「出向《しゅっこう》」**といいます。一般的には2～5年程度出向きます。「一時的な変更」ですから、時期がくれば元の会社に戻ります。

もうひとつは、**いま勤めている会社を辞めて別の会社に移る場合**。これを**「転籍《てんせき》」**や「移籍《いせき》」といいます。この場合は元の会社に戻ることはありません。

▼ 人事異動の分類

働く場所や内容が変わることを「人事異動」といいます。
会社で働く「人」が「異なる」場所や内容に「動く（変わる）」という意味です。

会社内の変更

- **転勤**
  例）東京本社から大阪支社に勤務地が変わる　など
- **職種変更**
  例）営業部から人事部に変わる　など

会社を超えた変更

- **出向**
  例）A社の社員という身分のまま、一時的にB社で働く　など
- **転籍**
  例）A社の社員ではなく、B社の社員として働く　など

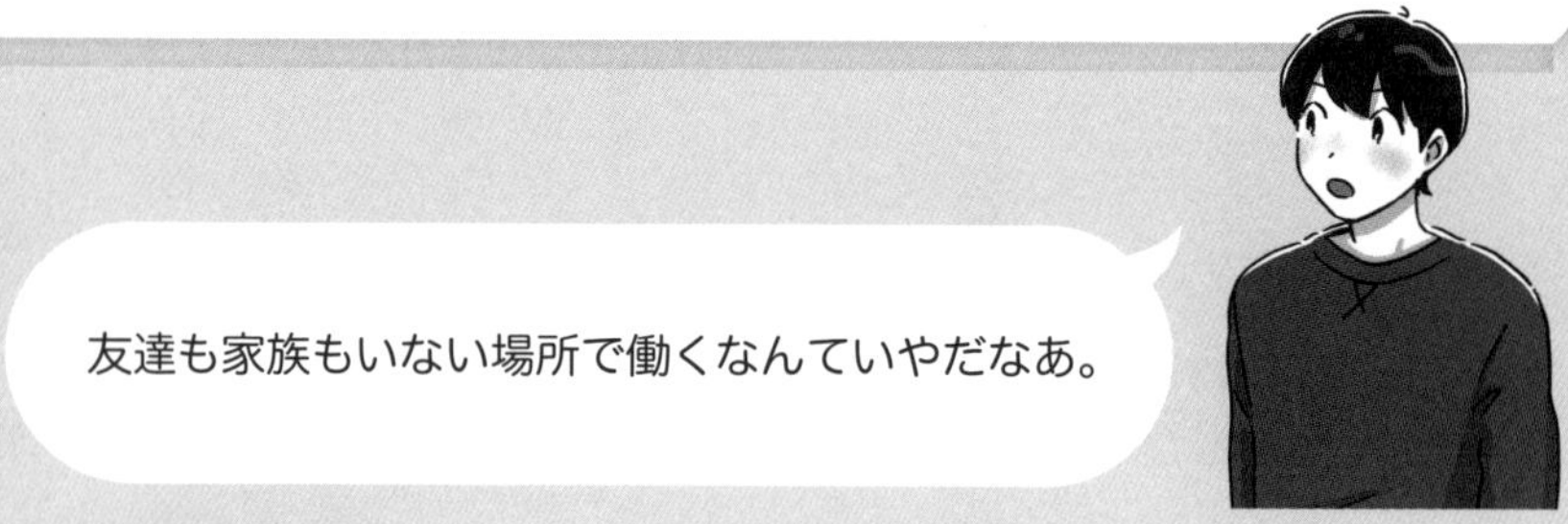
友達も家族もいない場所で働くなんていやだなあ。

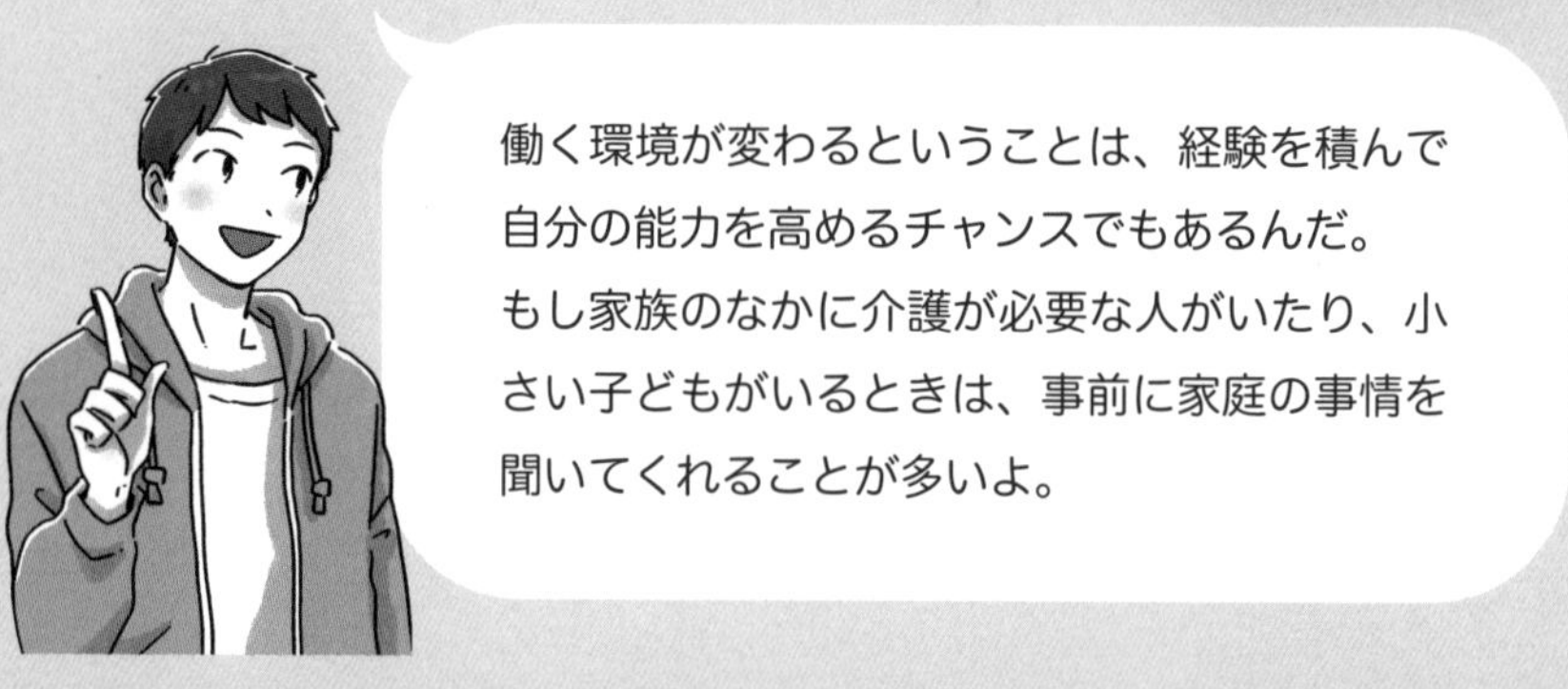
働く環境が変わるということは、経験を積んで自分の能力を高めるチャンスでもあるんだ。もし家族のなかに介護が必要な人がいたり、小さい子どもがいるときは、事前に家庭の事情を聞いてくれることが多いよ。

Q. 東京で働いていたのに、

君、来月から大阪行ってくれる？

と言われたら？

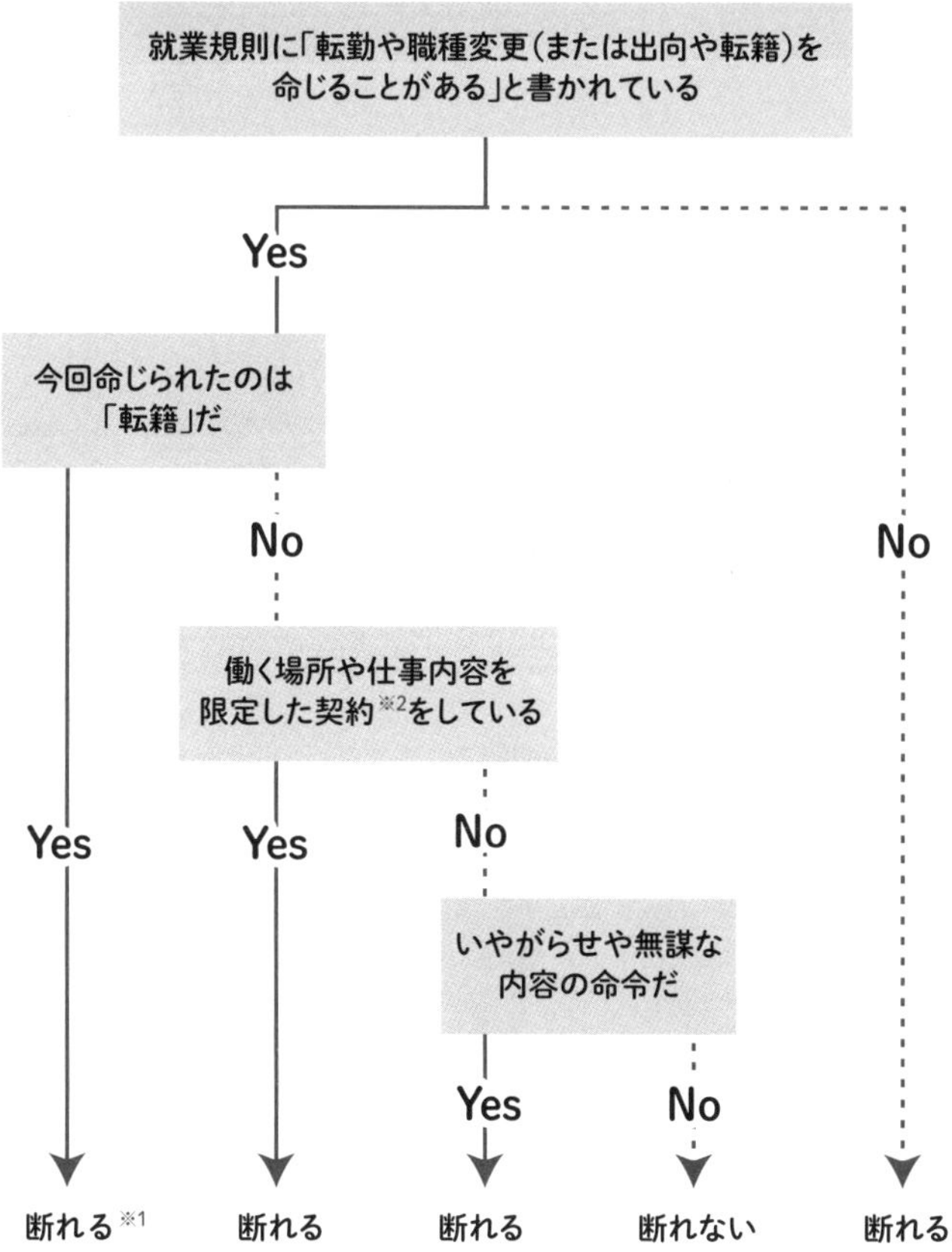
就業規則に「転勤や職種変更（または出向や転籍）を命じることがある」と書かれている
Yes
No
今回命じられたのは「転籍」だ
Yes
No
働く場所や仕事内容を限定した契約※2をしている
Yes
No
いやがらせや無謀な内容の命令だ
Yes
No
断れる※1
断れる
断れる
断れない
断れる

※1 転籍は現在の会社を辞めることになるため、本人の同意なしで行うことはできません。

※2 働く場所を限定する…東京都内のみで配属、転勤なしといった契約がある場合など。
仕事内容を限定する…経理部内の専門職で採用された場合など。

休日

「週休2日」の会社が多いのはなぜ？
会社員の休日はどのようにして決められているのだろう？

「休日＝土日」とは限らない

社会人というと、「月曜日から金曜日まで働いて、土曜日と日曜日が休み」とイメージする人が多いのではないでしょうか。しかし、会社員のなかには土日も働いている人がたくさんいます。たとえば、服屋の店員さん。服屋は土日も開いていますね。駅員さんや電車の運転手さんはどうでしょうか。土日は電車が動きません……なんてことはありませんね。服屋の店員さんや駅員さんは、土日に働き、そのほかの曜日に交代で休んでいます。

つまり、**休日といっても会社によって指している日付や曜日はさまざま**で、休みの曜日を固定している場合もあれば、働く人が順番に休みを取ることで一年中運営している場合もあります。

関連キーワード▼ 所定休日

「週休2日」の会社が多いのはなぜ？

休日は、法律で**「少なくとも一週間に1回の休みを確保しなければならない」と決められています**。ただし、忙しくてどうしても休めないという場合は、「（一週間に1回ずつでなくとも）4週間で4回の休みを確保できればよい」とも書かれています。

ただ、実際のところ「一年を通して週に一度しか休まない会社」はほとんどありません。「働く時間」の決まりがあるからです。

たとえば一日8時間働くという会社で、「週6日」働くとどうなるでしょう。一週間に48時間働くことになります。しかし、法律では「働く時間は週40時間以内におさめなさい」と決められています。8時間（1日分）オーバーですね。そのため、結果的に「一週間に2回の休み」を採用している会社が多いというわけなのです。

もしかすると、みなさんのまわりに「月曜日から土曜日まで週に6日会社に行っている」という人もいるかもしれません。そのような会社では、ある時期の休日を増やしたり、夏季休暇や年末年始休暇を多めに設定するなど休日を「月単位」や「年単位」で決めることで、働く時間数と休日数のバランスを調整しています。

関連キーワード▼ 法定休日

▼意外と知らない休日のあれこれ

Q. 完全週休2日制と週休2日制は意味が違うの?
A. 法律で決められているわけではありませんが、一般的には次の違いがあります。

完全週休2日制	週休2日制
1年間を通して、必ず週2回の休みがある	1か月の間に週2回の休みが少なくとも一度ある
(例) ・土、日、祝が休み ・水、日が休み ・曜日は固定しないけれど、週に2回は必ず休みがある	(例) ・月曜日は毎週休み、火曜日は第2火曜日のみ休み ・月に7回の休み(何曜日に休むかはシフトで決める)

完全週休2日制の場合、年間休日数は104日以上
土、日、祝休みの場合は、120日以上

Q. 休日と休暇の違いって?
A. どちらも「休み」と表現しますが、意味が変わります。

休日	休暇
働く義務がない日 会社が定めた休みの日のこと	働く義務がある日に、休んだ日 自分が「休む」と決めた日のこと
(例) ・土日祝 ・年末年始	(例) ・有給休暇 ・結婚休暇

学校でいうと
「日曜日」や「夏休み」など

学校でいうと
「病気欠席」や「忌引」など

第3章

会社員にも休みたいときはあるよね？

休暇

とある平日——
ねえタク兄、今日仕事は？平日だよ？
イエ～イ♪
今日は昼から有休取ったんだよ
ゆーきゅー……
その言葉よく聞くよね
有休取得100%に!!!
有休消化
どういう意味なの？
有給休暇！ちゃんと働くともらえる休みみたいなもんかな！
こうして遊ぶときや用事があるとき、体調が悪いときにも使えるんだよ

めっちゃいいね！
俺もそれで一年の半分くらい休みたい！
さすがに……
それは無理かな…
でもときどき休んでリフレッシュするとまた頑張るかって気持ちになれるんだ
そのほかにも誕生日には休めるとか、ユニークな休みを作っている会社もあるし
ペット休暇
記念日休暇
色々な休み
産前産後休業
育児休暇
赤ちゃんを産んだり育てるときに取る休みもあるよ
知らなかった……
休みにもいろいろ種類があるんだ…
あるよ～
そうか…大人は働くことと休むこと
うまくバランスをとりながら働いているんだ…

3-1

有給休暇

休んでいるのに給料が発生するうれしいしくみ、「有給休暇」。
有給休暇はどうやったらもらえるの？

有給休暇ってなに？

有給休暇は「ゆうきゅうきゅうか」と読み、略して「有休《ゆうきゅう》」や「年休《ねんきゅう》」と呼ぶこともあります。学校では「登校日」が決められていますね。同じように、会社でも「働く日（出社日）」が決められています。しかし、ときには病気やケガをすることもありますし、用事がある日も出てくるでしょう。そんなときには会社を休むことになります。これを「欠勤《けっきん》する」といいます。欠勤すると、仕事を休んでいるわけですから本来は給料が出ません。しかし、有給休暇を使うと、**働く日に休みを取ることができるだけでなく、休んだ日についても給料が払われます**。

有給休暇を使う目的は自由です。そのため、旅行や買い物など、プライベートの用事で使うこともできます。

使用期限に気をつけて

有給休暇の使い方は、**最初に「有休チケット」という回数チケットを渡されて、必要なときに1枚ずつ（1日ずつ）使っていく**、というイメージです。基本的には1日単位で休みますが、半日単位や1時間単位で使うことを認めている会社もあります。

有給チケットが渡されるのは、①入社して最低でも6か月以上働き、②①の6か月間の出社日のうち8割以上出勤した人です。入社して6か月後に渡される有給チケットは、正社員であれば10日間。契約社員やアルバイト、パートタイマーの場合は、働く日数や時間数によって変わります。その後、勤続年数が長くなるたびに最大20日までの有休チケットが毎年渡されます。

ただし有給休暇は、使わなかったからといって永久に貯め続けることはできません。電車やバスの回数チケットに「使用期限」が決められているように、**有給休暇は2年間経つと使えなくなってしまいます**。

このように、有給休暇が使えなくなることを「消滅《しょうめつ》する」といいます。

関連キーワード▼有給休暇の消滅

▼ 有給休暇の発生条件

有給休暇を取得することができるのは、次の2つの条件を満たした人です。

① 最低でも6か月以上働いた人

② ①の6か月間の出社日のうち、8割以上出勤した人

有給休暇の日数

勤続年数（基準日）	6か月	1年6か月	2年6か月	3年6か月	4年6か月	5年6か月	6年6か月以上
日数	10日	11日	12日	14日	16日	18日	20日

有給休暇の消滅

有給休暇の使用期限は2年間です。

入社から2年6か月が経つと12日の有給休暇が発生しますが、その時点で「入社6か月目で発生した10日間の有給休暇」は使えなくなります。

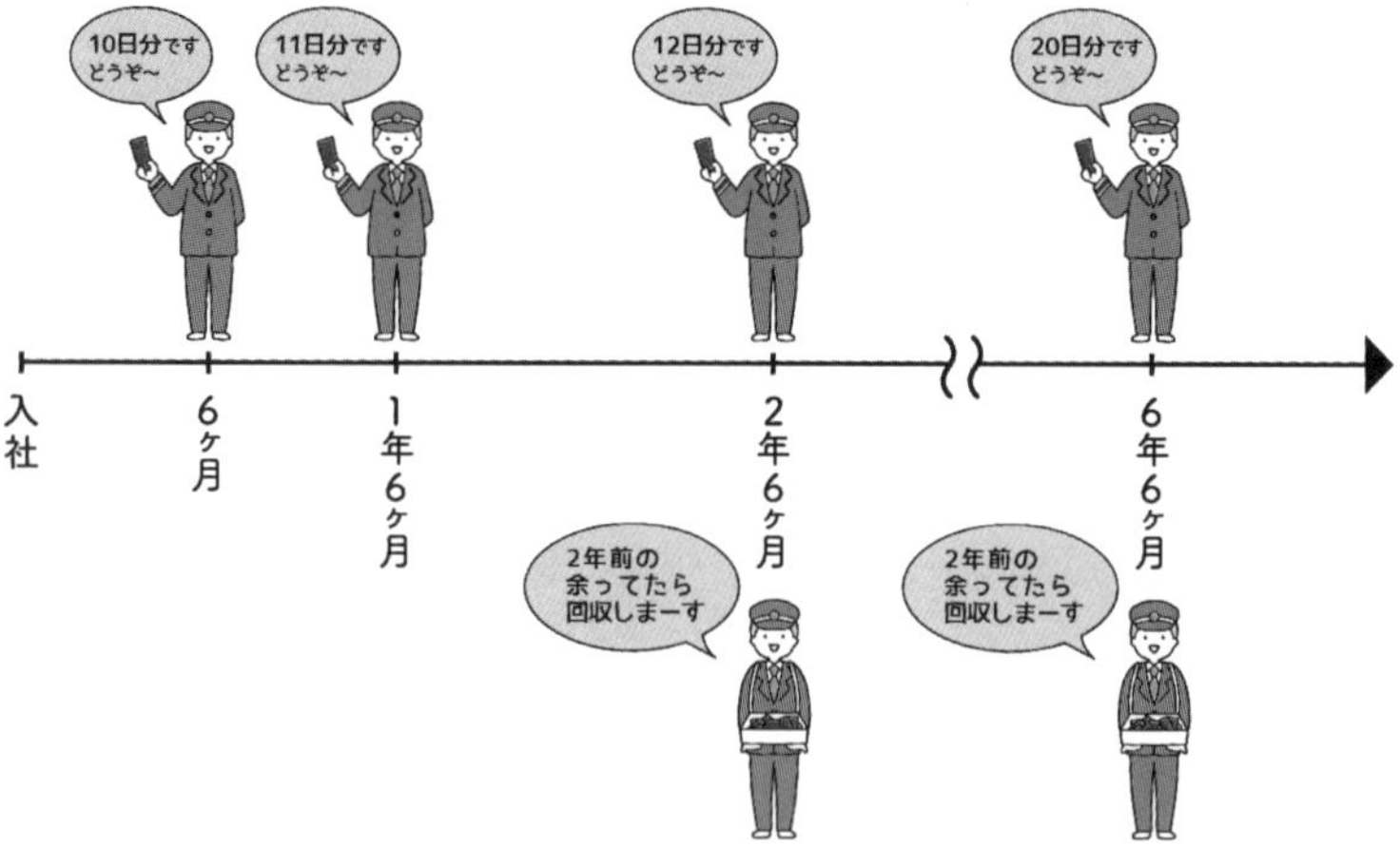

※ ここで紹介している日数やタイミングは、法律で決められている最低限のルールです。会社によっては入社日にかかわらず取得できるなど、ルールが異なることもあります。

有給休暇を使うためのくふう

有給休暇について、法律では「少なくとも一年に5日間は使いなさい」と決められています。

そこで会社によっては、会社の創立記念日を「社員全員で有給休暇を取得する日」にしたり、夏季休暇に個人の有給休暇3日間をくっつけて長期休暇にすることを推奨するなどして、社員全員が平等に有給休暇を取得できるようにしています。

また、特別な理由※がない限り「会社は、本人が申請した日に有給休暇を取らせなければならない」という決まりもあります。

※ 忙しい時期などでどうしてもその日に有給休暇を認めることが難しい場合は、別の日へ変更が必要になることもあります。

たまには旅行や趣味のために有休を取りたいけど、遊びの予定だと言いづらいなあ。
有休を取るときは、その理由は言わなくても大丈夫。「私用（自分の用事のこと）のため休みます」というのが一般的だよ。コミュニケーションのひとつとして話すことはあるけどね！

3-2

子育て休暇・介護休暇

働く大人のなかには、子育てや介護をしながら働いている人も多い。

子育てや介護のために作られた制度を確認しよう。

子育てしながら働きたいんだけど……

法律には、子育てをするための休みが定められています。

子育て期間には、**ある程度まとまった期間会社を休む「休業」と、会社に復帰したあと、子どもに関する用事があるときに休む「休暇」があります**。

赤ちゃんを産む直前と直後の休み**（産前《さんぜん》産《さん》後《ご》休業《きゅうぎょう》）**は母親のみが対象ですが、出産後の休み（育児休業・子どもの看護休暇）は、父親・母親どちらも対象になります。

（1）産前産後休業

出産前42日（双子や三つ子の場合は98日）＋出産日以後56日が休みになります。略して「産《さん》休《きゅう》」と呼ぶこともあります。

（2）育児休業

赤ちゃんが生まれ、その赤ちゃんが1歳の誕生日を迎えるまで、子育てのための休みを取ることができます。さらに、保育園に預けられないなどの事情がある場合は、最長2歳までの休みも認められています。この期間を**「育児《いくじ》休業《きゅうぎょう》」**と呼び、一般に「育休《いくきゅう》」と略して呼ばれています。

（3）子どもの看護休暇

子どもを保育園に預け、仕事をしながら子育てをするという人のために**「子《こ》どもの看護《かんご》休暇《きゅうか》」**という制度があります。小学校入学前の子どもの病気や入院、予防接種等で休む必要がある場合に休むことができる制度で、1日・半日・1時間単位で取ることができます。休める日数は、小学校入学前の子どもが1人の場合は年5日、2人以上の場合は年10日とされています。

家族に介護が必要になったら？

ケガや病気、高齢などによる理由で、家族の日常生活の面倒をみることを「介護」といいます。子育てのための休みと同じように、「休業」と「休暇」の2種類があります。

(1) 介護休業

家族を介護するために、ある程度まとまった休みを取ることを**「介護《かいご》休業《きゅうぎょう》」**といいます。対象となるのは結婚した相手（配偶者といいます）や子ども、祖父母・父・母・兄弟や孫に限られています。介護休業は、世話をする家族1人につき、合計93日間の休みを最大3回に分けて取ることができます。

(2) 介護休暇

1日だけ介護をする必要がある日や、役所の手続きで休まなければならない日などのために**「介護《かいご》休暇《きゅうか》」**という制度があります。1日・半日・1時間単位で休みを取ることができます。休める日数は、世話をする家族が1人の場合は年5日、2人以上の場合は年10日とされています。

▼子育てや介護期間中の給料

会社からの給料は支払われないことが一般的ですが、子育てや介護にもお金がかかります。そのため、国が給料の一部を補償してくれる制度があります。

	休む期間	給料が支払われるか	国からの補償[※1]
産前産後休業	産前42日（双子や三つ子の場合は98日）+産後56日	支払われないことが多い	給料額の3分の2[※2,3]
育児休業	育児休業をスタートしてから職場に復帰するまでの期間（最長子どもが2歳になるまで）	支払われないことが多い	育児休業スタート後180日間：給料額の3分の2 181日目～：給料額の2分の1
子どもの看護休暇	1人：年5日 2人以上：年10日	会社により異なる	――
介護休業	合計93日を最大3回まで分けて取得できる	支払われないことが多い	給料額の3分の2
介護休暇	1人：年5日 2人以上：年10日	会社により異なる	――

※1　給料が支払われなかったときに補償されます。表現をわかりやすくするために「給料額」と記載していますが、実際にはさらに細かい計算をして金額が決定します。
※2　多くの企業が加入している「協会けんぽ」に加入している場合の割合。
※3　出産にかかるお金の補助として「出産育児一時金」がもらえます。

▼ 子育てを支えるいろいろな制度

子どもを育てながら仕事もすることはとても大変なことです。そのため、子育てをしている人を支えるためにさまざまな制度が設けられています。

産前産後休業のルール

出産前(42日) *双子以上の場合は98日	出産後(56日)	
	42日	14日
・本人が希望した場合に取得できる ・本人が希望した場合は体に負担のかからない業務に転換する	・強制的に休み	・次の2つの条件を満たせば働ける a.本人の希望により b.医師が支障なしと認めた場合

子育て期間に利用できる制度

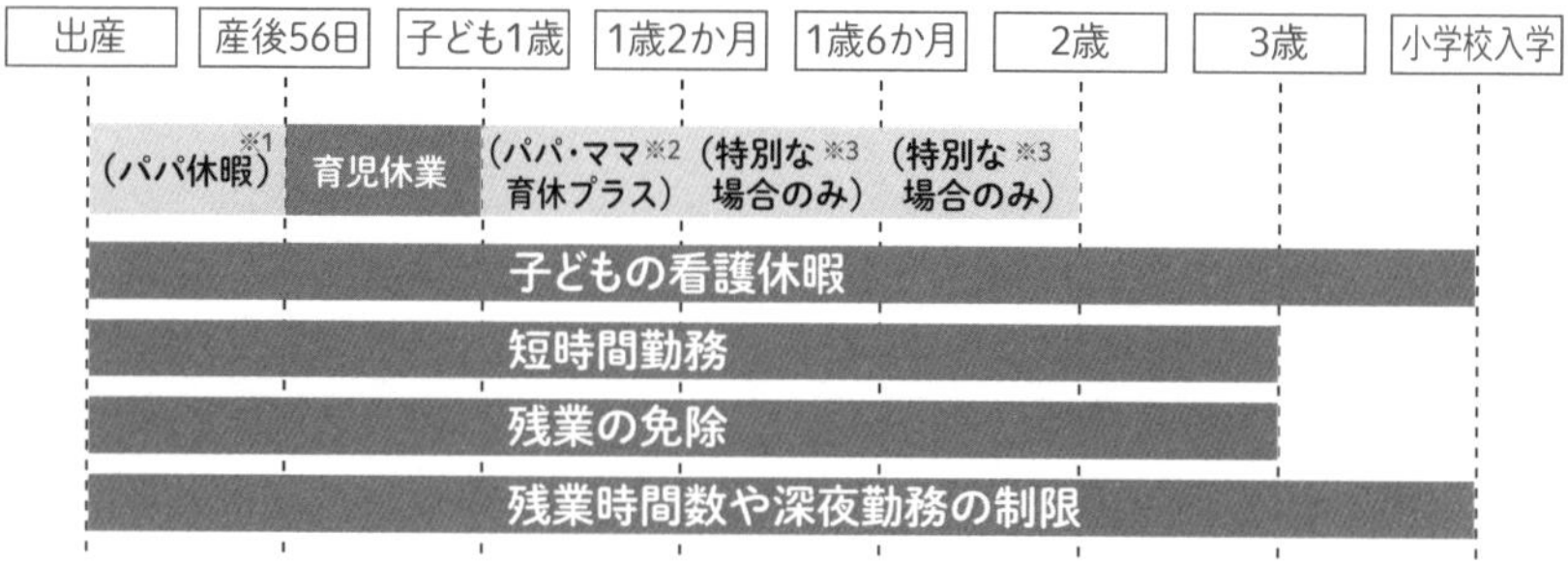

(参考：厚生労働省YouTube「知っておきたい育児・介護休業法」)

※1　出産直後に父親が休む休暇のこと。育児休業のひとつ。なお、父親がより育児休業を取れるようにするため、制度の変更が予定されている。

※2　父親も母親も育児休業を取る場合は、子どもが1歳2か月になるまで休業できる。

※3　保育園に預けられないなどの事情がある場合には、育児休業を延長することができる。

子育てや介護をしている人のための制度

働きながら子育てや介護をしている人が、仕事を辞めずに働き続けられることを目的として、法律にはさまざまな決まりがあります。以下に説明する内容は、働いている本人が会社に申し出た場合に利用できる制度です。

1. 短時間勤務※

「通常より短い勤務時間で働きたい」と申し出ることができる制度です。申し出があった場合、法律では、会社は原則として「6時間勤務制度」を作ることとされています。

（対象者）

・3歳未満の子どもを育てている人

・介護が必要な家族がいる人

※ どうしても短い勤務時間で働くことが難しい仕事の場合は、時間をずらして働く制度（時差出勤）やフレックスタイム制度（40ページ）を利用できるようにしていることもあります。

2. 残業の免除

「残業ができない」と申し出ることができる制度です。

（対象者）

・3歳未満の子どもを育てている人

・介護が必要な家族がいる人

3. 残業時間数や深夜勤務の制限

「残業時間数を1か月24時間以内におさめること、深夜勤務ができない」と申し出ることができる制度です。

（対象者）

・小学校入学前までの子どもを育てている人

・介護が必要な家族がいる人

3-3

その他の休暇

会社独自で休暇を定めているところもあるので要チェック。プライベートと仕事のバランスをとることも働くうえでは超重要！

特別休暇とは？

特別休暇《とくべつきゅうか》とは、その名のごとく「特別な休み」で、会社ごとに決められた休みです。たとえば、結婚をしたときや家族が亡くなったとき、会社に10年、20年と長く勤めた節目のときなどに、休みをとることができます。休んだときに給料が支払われるかどうかは会社ごと・休みごとに定められていますが、一般的には支払われることが多いです。

有給休暇は法律で定められているためどの会社にも存在する制度ですが、**特別休暇は会社ごとにその種類や日数が異なり、特別休暇を作る・作らないも会社が自由に決めることができます。**

2019年に行われた調査[※]によると、約6割の会社が「特別休暇制度がある」と回答しています。

※厚生労働省「就労条件総合調査」（2019年）

「もしも」のときに備える休暇も

みなさんは**「裁判員制度《さいばんいんせいど》」**を知っているでしょうか。

裁判員制度とは、20歳以上の日本国民が「くじ」で選ばれて裁判に参加し、裁判官とともに有罪・無罪を判断し、罪の重さを決める制度のことです。刑事裁判といって、殺人や強盗などの犯罪を疑われている人が本当に罪を犯したのかどうかなどを判断する裁判について適用されます。

裁判員はくじで選ばれるため、会社員でも選ばれる可能性があります。

ただし、裁判員に選ばれた場合、裁判は平日に行われ、時間は3～8日かかるとされています。また、裁判員として裁判に参加するには、まず「裁判員候補」に選ばれ、実際に裁判員になるかどうかを決めるために裁判所に行く必要があります。場合によっては、仕事を休まなければなりません。

そこで、裁判員に選ばれたときのための休みとして「裁判員休暇」を会社が定めていることもあります。

▼ 特別休暇の例

慶弔休暇	**結婚・出産、葬式などのための休暇**
永年勤続休暇（リフレッシュ休暇）	**会社に5年、10年、20年など長く勤めたときに取ることができる休暇**
ボランティア休暇	**災害が起こったときなどにボランティアに参加する人が取ることができる休暇**
スキルアップ休暇	**本人の希望で、研修を受けたいときに取ることができる休暇**
誕生日休暇	**本人または家族の誕生日に取ることができる休暇**
骨髄ドナー休暇	**骨髄ドナーへの登録・検査・入院をするときに取ることができる休暇**
副業休暇	**副業をする準備をするときに取ることができる休暇**

※ そのほか、台風などの自然災害による影響で電車が止まったときや、インフルエンザに罹った場合も特別休暇扱いとすることがあります。

「ノーワーク・ノーペイ」の大原則

「ノーワーク・ノーペイ」というルールがあります。言葉のとおり「働かなかったら（ノーワーク）、給料は支払われません（ノーペイ）」という意味で、何らかの理由で働かない（働けない）ときは、（有給休暇を使わなければ）給料が出ないのが基本ルールです。

ただし、ときには自然災害の影響やそのほかやむをえない事情で休まざるをえないこともあります。そこで、会社によっては特別休暇として給料を補償したり、国の制度を利用して補償することもあります。

第4章
やっぱり気になる お金のこと

給料

じゃーん！買っちゃった！
わ～！かっこいい！
話題の時計だ！
わ～
バイト代入ったから買っちゃったんだ～
へえ…
アルバイト募集中！
アルバイトかあやってみようかな…

ソウマ
アルバイト給与明細
時給：1020円
6月
勤務日数 12日
実働時間 48.00
残業時間 0.00
基本給 48.960
お疲れさま！頑張ったね！
来月も頑張ろう！
高木

4-1

給料の基礎知識

一生懸命働いてもらえる給料はうれしいもの。まずは給料の基本的な内容をしっかりおさえよう。

「額面」と「手取り」

給料の金額には「額面《がくめん》」と「手取《てど》り」と呼ばれる2つの「顔」があります。

額面とは「額面金額」とも呼ばれ、給料の表面上の金額のこと。一方手取りとは、実際にみなさんが手にするお金のことです。給料は銀行振込で支払われることが多いため、実際に銀行口座に振り込まれる金額といったほうがわかりやすいかもしれません。

これらは法律の用語ではありませんが、社会人になれば必ず耳にする言葉です。

どうして金額が変わるの？

求人票の給料の欄には、「月給20万円」などと書かれています。月給20万円というのは、「ひと月働いたら20万円の給料を支払いますよ」という意味です。給料日がくると受け取る給料明細書にもこの金額が書かれています（＝額面）。けれども、**実際にみなさんの手に渡るお金は、税金や保険料といったお金が給料から差し引かれたあとの残った金額**になります（＝手取り）。

「そんな！　勝手に引かないでよ！　頼んだ覚えはないよ！」と思ってもダメ。会社には、給料を支払うときに、みなさんが支払うべき税金※や保険料を引いて、私たちに代わって国にお金を納めることが義務づけられているからです。

つまり、会社は勝手に引いているわけでも、得をしているわけでもありません。みなさんから預かったお金を、国に納めているというだけです。

※働く日数や時間数によっては、会社ではなく本人が納めることもあります。

給料明細書は確認すべき？

給料をもらうときには、データや書面で給料明細書が渡されます。金額が細かく書かれていてわかりづらいため、働く大人のなかにも「給料明細書は見ない」という人もいます。

しかし、何時間働いて、どのような内容の給料がいくら支払われているのか、またどのくらい差し引かれているのか、すべて載っている大切な書類です。

ぜひ確認するようにしましょう。

▼ 給料明細書にはこんなことが書いてある

給料明細書は、給料日になるとデータや書面で渡されます。

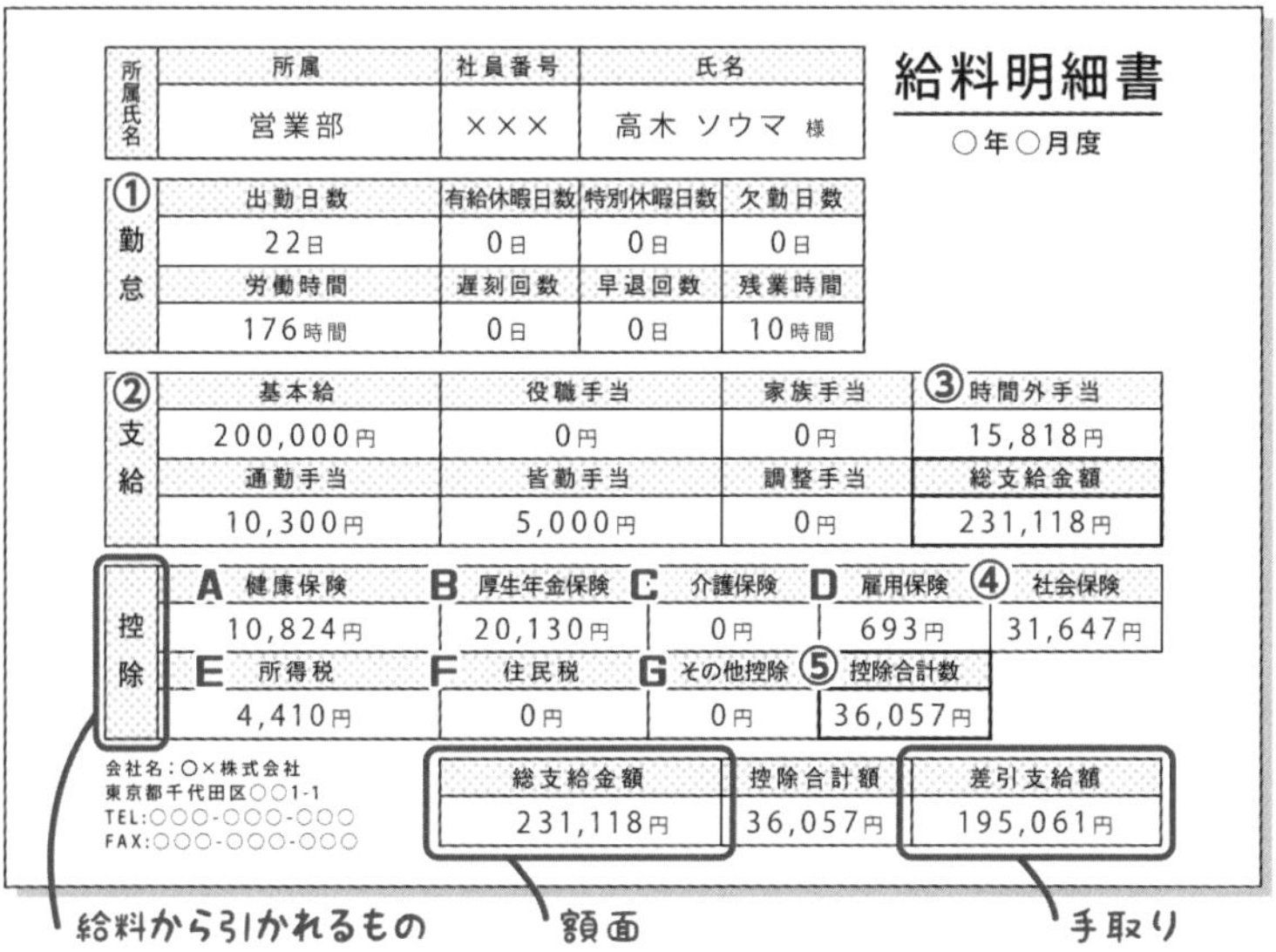

給料明細書

○年○月度

所属氏名	所属	社員番号	氏名
	営業部	×××	高木 ソウマ 様

①勤怠				
	出勤日数	有給休暇日数	特別休暇日数	欠勤日数
	22日	0日	0日	0日
	労働時間	遅刻回数	早退回数	残業時間
	176時間	0日	0日	10時間

②支給				
	基本給	役職手当	家族手当	③時間外手当
	200,000円	0円	0円	15,818円
	通勤手当	皆勤手当	調整手当	総支給金額
	10,300円	5,000円	0円	231,118円

控除					
	A 健康保険	B 厚生年金保険	C 介護保険	D 雇用保険	④ 社会保険
	10,824円	20,130円	0円	693円	31,647円
	E 所得税	F 住民税	G その他控除	⑤ 控除合計数	
	4,410円	0円	0円	36,057円	

会社名：○×株式会社
東京都千代田区○○1-1
TEL:○○○-○○○-○○○
FAX:○○○-○○○-○○○

総支給金額	控除合計額	差引支給額
231,118円	36,057円	195,061円

❶「勤怠《きんたい》」欄 ―― その月に働いた実績です。自分の認識とズレはないか確認しましょう。

❷「支給」欄 ―― 基本給と手当に分けられます（80ページ）。毎月決まった金額で支払われるものと、月ごとに金額が変わるものがあります。

❸ 時間外手当 ―― 「残業手当」のことです。

❹ 社会保険 —— A～Dの合計額を表します。

A：**健康保険** ………… 病院に行って治療を受ける場合などに利用する「健康保険」に充てられるお金

B：**厚生年金保険** …… 65歳以上の人や、障害をもって働けない人などの「年金」に充てられるお金

C：**介護保険** ………… 介護を必要とする人のための「介護保険」に充てられるお金
40～65歳の人のみ保険料が引かれる

D：**雇用保険** ………… 会社を辞めたときの補償や、在職中のスキルアップ費用の補助などの「雇用保険」に充てられるお金

❺ 控除《こうじょ》合計数 —— 社会保険料（④）に加え、税金（⑥）とその他（⑦）の合計額を表します。

❻ 税金

E：**所得税** ………… 所得額（給料から必要経費を引いたお金）に応じておさめる税金

F：**住民税** ………… 前年度（前年1～12月）の所得額に応じて、住んでいる地域におさめる税金

❼ その他

G：**その他控除** ……… 昼食費やレクリエーション費用などが差し引かれることがある（会社によって異なる）。

▼ 基本給と手当

アルバイトをするときは働いた時間分の給料と交通費のみが支払われることが一般的ですが、会社員になると、働いた時間分の給料以外に「手当」が出ることがあります。

基本給（きほんきゅう）
▼１か月間働くともらえる基本となる給料のこと

手当（てあて）
▼基本給とは別に支払われる給料のこと

手当ては会社によって、また同じ会社内でも人によって支給されるものが違います。以下の表は、代表的な手当の例です。

営業手当	営業職に支払われる手当
役職手当	リーダー職や管理職になったときに支払われる手当
家族手当	自分の収入で養う結婚相手や子どもがいる場合に支払われる手当
住宅手当	自分名義で家のローンを組んでいたり、家を借りているときの補助
通勤手当	通勤に必要なお金として、電車やバス代、車のガソリン代などが支払われる手当
資格手当	会社で活用する資格をもっている人に支払われる手当
スキルアップ手当	個人のスキルに応じた手当、またはスキルアップをするための費用補助

※「休業手当」
会社の業績不振や自然災害、感染症の影響などにより会社の判断で仕事が休みになることがあります。休業手当はこのような会社判断による休業の場合に支払われ、会社から１日分の給料額の６割が支払われます。
※ 手当の名前は同じでも、内容は会社ごとに異なります。

給料の種類

年俸（ねんぽう）

▼1年単位で給料額を決める

「年俸360万円」は「1年間の給料として360万円を保障する」という意味になります。実際には給料1年分をまとめて支払うことはできませんので（84ページ）、12（月の数）で割った月額30万円が毎月支払われます。あるいは360万円を16で割り、「1」にあたる22.5万円が毎月の給料、残る「4」を半分に分け、夏・冬のボーナスとして45万円ずつ受け取るケースもあります。

月給（げっきゅう）

▼1か月単位で給料額を決める

月ごとの働く日数に関係なく、同じ金額が保証されます。ただし、有給休暇を使わずに休んだ場合は、その日数分が月給額から差し引かれます。

※ 休んだ日数にかかわらず月給を補償する「完全月給」を採用している会社もあります。

日給（にっきゅう）

▼1日単位で給料額を決める

「日給1万円」は、「1日働いたら1万円」という意味です。月給と違い、働く日数によってその月に受け取る給料額が変わります。

時給（じきゅう）

▼1時間単位で給料額を決める

「時給1,000円」は、「1時間働いたら1,000円」という意味です。その月に合計30時間働けば1,000円×30時間で30,000円が給料になります。

アルバイトでは、一般的に時給制が採用されています。

4-2

給料の支払いルール

給料の支払い方法は法律で細かくルールが決められている。ちょっと複雑だけど、おさえておきたい基礎知識！

給料の支払い5原則

給料は、決められた日に現金※または銀行振込で受け取ります。私たちにとってはごくあたりまえのことであり、疑問に感じることすらないかもしれません。しかし、給料を安心して受けとることができるよう、これもすべて法律において定められていること。具体的には、次の5つの原則が定められています。

一つひとつ確認していきましょう。

※電子マネーなど銀行振込によらない方法も検討されています。

関連キーワード▼給料の支払い5原則

原則①　給料は「通貨」で支払うべし

給料は「通貨」、つまり日本円の現金で支払う必要があります。

たとえば、1か月働いた給料が「大根1か月分」だったらどうでしょう？　あるいは、外国の通貨や小切手で支払われたら？　困ってしまいますね。

ですから、給料は現金、それも日本円で支払わなければならないと定められています。

原則②　給料は働いた本人に「直接」支払うべし

給料は、本人に直接支払わなければなりません。

昔は「借金の〝かた〟に子どもを働かせる」ということがありました。親が会社から借金をする代わりに子どもを働かせるのです。このようなことがあってはならないからと、法定代理人といわれる「親や親代わりで子どもの世話をしている人」であっても、本人の代わりに給料を受け取ることはできないこととされています。

原則③　給料は「全額」支払うべし

給料は、「全額」支払わなければなりません。

たとえば、仕事中に会社の機械を壊してしまい、3万円の損害を出してしまったとしましょう。

この3万円を機械を壊した本人に請求すること自体は法律違反ではないのですが、給料から差し引くことは認められません。給料はあくまでも「全額」を本人に渡し、そのなかから3万円を支払ってもらう必要があります。

そのほか、銀行振込のときにかかる手数料を給料から差し引くことも法律違反です。

原則④　給料は「毎月1回以上」支払うべし

給料は、毎月1回以上支払わなくてはなりません。

年俸制を採っている会社でも、給料1年分をまとめて支払うことは法律違反です。振り込む手間や費用を省きたいからと2か月に1回支払うということも認められません。

原則⑤　給料は「決まった日」に払うべし

給料は、決まった日（一定の期日）に支払わなければなりません。

たとえば「毎月20〜30日の間に振り込みます」といわれたら、みなさんも困りますね。あるいは「第2金曜日」といった定め方も、月によって支払われる日が変わることになるので認められていません。

「毎月25日」というように、必ず決まった日に支払われなければなりません。

▼給料の支払いルールと例外

５つの原則にはそれぞれ例外が存在します。基本ルールとあわせて知っておくことで安心して給料を受けとることができます。

原則	例外
「通貨」で支払う	①銀行振込による支払い 原則は現金支払いなので、手渡ししなければならないことになります。しかし、働く一人ひとりの同意があれば、銀行振込で給料を支払っても構わないこととされています。 ②定期券の支給 定期券はお金ではありませんが、定期券という「現物」を渡すことで通勤手当の代わりとみなされます。ただし、必ず前もって労働協約（47ページ）を結んでおく必要があります。
本人に「直接」支払う	現金で給料を支払っている会社において、本人が病気や入院中などの事情で取りに来られない場合に、親や結婚している相手（配偶者）に渡すことが認められています。
「全額」支払う	①税金や保険料などの控除 法律で定められた税金や健康保険、年金などの保険料を差し引くことが認めらています。 ②労使協定がある場合 会社の食堂で食べた昼食費や、会社の寮に住んでいる寮費などを給料から差し引くことが認められています。ただし、必ず前もって労使協定（47ページ）を結んでおく必要があります。
「毎月1回以上」支払う	ボーナスや結婚のお祝い金など、臨時で支払われるお金に関しては毎月1回以上でなくても構わないこととされています。
「決まった日」に払う	①「月末に支払う」場合 月によって28日、30日、31日と日にちは変わるものの、決まった日であるとみなされます。 ②支払日が銀行の休日と重なった場合 給料の支払い日が土曜日や日曜日に重なり、銀行が休みの場合に、休みの「前の日に支払う」か「あとの日に支払う」かは会社ごとに決めればよく、どちらも認められています。

※ ここで挙げた例外は代表的な内容です。その会社がどんなルールを採用しているかは就業規則や求人票で知ることができます。

▼給料の「締め日」と支払い

給料日とあわせて**「締《し》め日」**も知っておきましょう。
締め日とは、「給料日に受け取る給料がいつからいつまで働いたぶんなのか」を示す日のこと。会社によっては、締め日によって入社日や退社日を決めることもあります。

月末締め・翌月25日払い

1月

MON	TUE	WED	THU	FRI	SAT	SUN
				1	2	3
4	5	6	7	8	9	10
11	12	13	14	15	16	17
18	19	20	21	22	23	24
25	26	27	28	29	30	31

2月

MON	TUE	WED	THU	FRI	SAT	SUN
1	2	3	4	5	6	7
8	9	10	11	12	13	14
15	16	17	18	19	20	21
22	23	24	25	26	27	28

15日締め・25日払い

1月

MON	TUE	WED	THU	FRI	SAT	SUN
				1	2	3
4	5	6	7	8	9	10
11	12	13	14	15	16	17
18	19	20	21	22	23	24
25	26	27	28	29	30	31

2月

MON	TUE	WED	THU	FRI	SAT	SUN
1	2	3	4	5	6	7
8	9	10	11	12	13	14
15	16	17	18	19	20	21
22	23	24	25	26	27	28

それぞれ、　　　　の範囲で働いたぶんの給料が25日に支払われる

たとえば「月末締め・25日払い」としている会社に4月1日に入社した場合、会社の支払いルールによって、はじめての給料日が「4月25日」の場合と「5月25日」の場合があります。初任給のタイミングは事前に確認しておくと安心して働けます。

原則、例外、原則、例外……。
頭が混乱しそう……。

すべて覚えようとすると難しいけど、自分の会社がどんなルールを採用しているかは求人票や就業規則で確認することができるよ。

もしも5原則にも例外にもあてはまらなかったらどうすればいいの？

まずは上司や給与計算を担当している人（総務や経理担当）に尋ねてみよう。自分が知らないルールがあるのかもしれないし、もしかすると会社が「知らずに」間違って運用している可能性もあるからね。

会社が知らない可能性もあるんだ……。

支払いのルールはじつは社会人でも教わる機会がほとんどないんだ。ちょっと細かいけれど、正しく給料を受け取るために知識をつけておこう。

4-3

給料額の決まり方・改定

給料は働く「やる気」につながる大事なもの。
会社に入ったあとの給料の変化について見てみよう。

「昇給」と「降給」

会社に入社したときに決まる給料額のことを「初任給」と呼びます。それ以降、**多くの会社では年に1回または2回、給料を見直すルールを作っています。**給料が上がることを「昇給《しょうきゅう》」、下がることを「降給《こうきゅう》」といいます。

「降給」と聞いて不安に思うかもしれませんが、実際には、同じ仕事をしているなかで給料が下がることは滅多にありません。

なぜなら、同じ仕事をしていると1年目よりも2年目、2年目よりも3年目とスキルは上がっていくと考えられているからです。

日本には昔から「同じ会社に長く勤める」という考え方があり、少しずつ給料が上がっていくことで、働く意欲を高めようとする狙いがあります。

▼「本人の能力」か「内容や成果」か

給料額の決め方には、次のような考え方があります。

職能給（しょくのうきゅう）

▼「一人ひとりの能力」で給料額を決める

実際には個人の能力を判断することは難しいため、勤めている年数や、経験年数、年齢で判断します。給料は毎年上がることが多く、滅多に下がることはありません。

職務給（しょくむきゅう）

▼「任せた仕事の難しさ」と「その成果」によって給料額を決める

年齢が若くても成果を出せばそのぶんの給料がもらえます。反対に、経験年数が長くても成果が出なければ給料は上がりません（下がることもある）。

4-4

残業手当・休日出勤手当

いつもより頑張って仕事をしたとき、会社はそのぶんのお金を支払う義務がある。いくらもらえるのだろう？

残業と休日出勤

2－2（残業・休日出勤）のおさらいになりますが、残業とは、決められた時間を超えて働くことをいいます。休日出勤は、休日と決められた日に出勤して働くことです。

どちらも普段の仕事「＋α」で働くということですから、決まった給料とは別に「残業手当（残業代）」や「休日出勤手当」が支払われます。

長く働くと「割増」でお金が発生する

残業手当や休日出勤手当は、「1時間長く働いたら1時間分の給料」という単純計算ではなく「＋α」の上乗せがあります。これを**「割増賃金《わりましちんぎん》」**と呼びます。ちなみに、残業や休日出勤に加え、深夜勤務（夜22時～朝5時）についても割増賃金が支払われます。

割増賃金は、時給※の場合は時給に、月給の場合は基本給やそのほかの手当に基づいて「1時間あたりの金額」を計算し、これに割増率を掛けて計算します（詳しくは93ページ）。

※時給のほか、ひと月ごとに支払われる手当がある場合は、手当も含めて計算します。

割増賃金が発生する条件は？

たとえば、9時～17時までと決められた会社で18時まで残って仕事をした場合や、週休2日・土日休みの仕事の人が土曜日に出勤した場合。どちらも残業、休日出勤ですが、残業手当、休日出勤手当を計算するときには、考え方がもう少し複雑になります。

38ページでも確認したように、働く時間には「法定労働時間」と「所定労働時間」の2種類があり、休日も「法定休日」と「所定休日」※があります。**割増賃金が支払われる対象は、法律で定められた「法定労働時間」や「法定休日」を超えて働いた場合**です。

※会社によっては「所定労働時間」や「所定休日」を超えた場合に割増賃金を支払うこととしている場合もあります。

▼ 割増賃金のルール

割増賃金を計算するときにまず最初に知っておかなければならないのが「割増率」です。

割増率（わりましりつ）

「どのくらい＋αされるのか」を示す数字です。残業時間の長さや時間帯によって変わります。

1時間あたりの給料を「1」とした場合の

どんな場合か	割増率	残業手当・休日出勤手当の比率（単位：倍）
残業をした（法定労働時間を超えて働いた）場合	25%	1.25
ひと月の残業時間が60時間を超えた場合の、60時間を超えた部分※	50%	1.5
休日出勤をした（法定休日に働いた）場合	35%	1.35
＋		
深夜時間帯（22～5時）に働いた場合	25%	0.25

※ ここに挙げた割増率は「最低基準」です。会社によってはこの基準より高いことがあります。

※ 会社の大きさによっては、ひと月の残業時間が60時間を超えても1.25倍のケースもあります（2023年4月以降は中小企業も1.5倍）。

基本の計算式

割増率がわかったら、次の計算式にあてはめて算出します。

1時間あたりの給料額 × 割増率 × 残業や休日出勤の時間数

▼月給の場合の「1時間あたりの給料額」

月給の場合、さらに「1時間あたりの全額」を算出する必要があります。月給20万円の人を例に考えてみましょう。

基本の計算式

1時間あたりの給料額	＝	（基本給＋手当※1）	÷	働く時間数※2

※1　家族手当、通勤手当、住宅手当、子ども手当、別居手当、ボーナス等の臨時手当は含めない（法律で決められています）。
※2　会社ごとに決められている「1か月あたりの平均の労働時間数」。

例1　基本給20万円、働く時間数160時間の場合

200,000円÷160時間＝1,250円

例2　基本給17万円、家族手当2万円、通勤手当1万円の合計20万円、働く時間数160時間の場合

170,000円÷160時間＝1,062.5円

↑

残業手当の計算に家族手当、通勤手当は含めないため、基本給の17万円のみで計算する。

▼ 残業手当の計算

具体的に例を挙げて考えてみましょう。
今回は、わかりやすくするため「1時間あたりの給料が1,000円の場合」で考えます。

残業手当：1日8時間、週40時間（法定労働時間）を超えた場合に割増賃金を払う

例1 勤務時間：9:00～18:00（1時間休憩、1日8時間労働）の場合

例2 勤務時間：9:00～17:00（1時間休憩、1日7時間労働）の場合

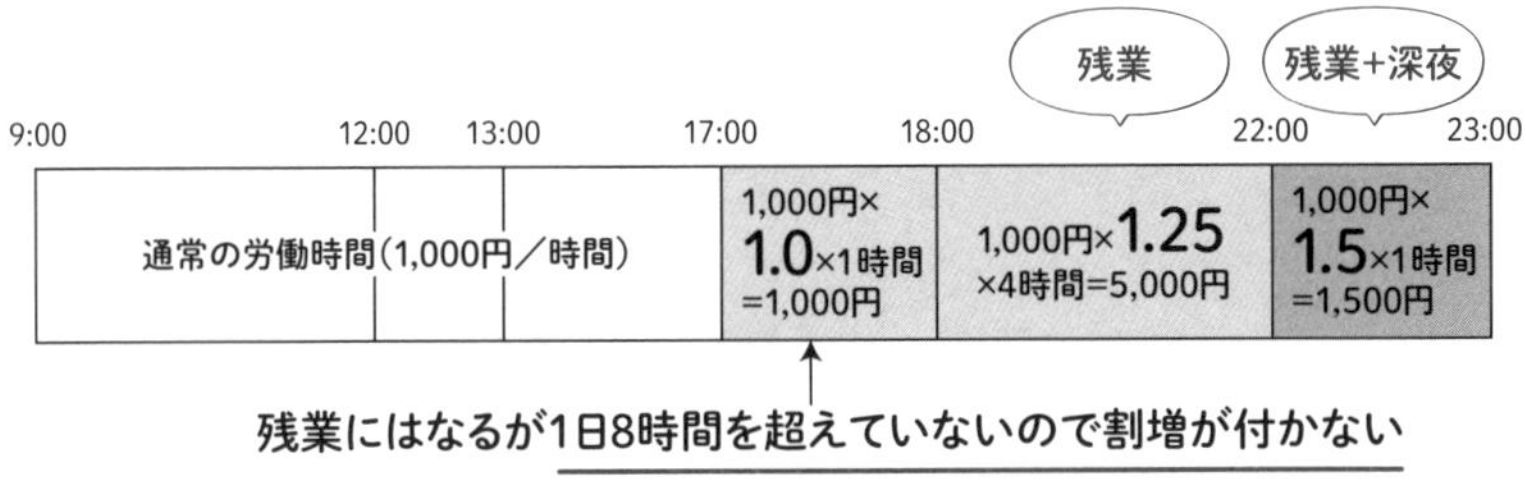

▼ 休日出勤手当の計算

残業手当と同様、「1時間あたりの給料が1,000円の場合」で考えます。「1日8時間労働、土日が休み」の場合を例に説明します。

休日出勤手当：
週に一度の休みが取れなかった場合※（法定休日に働いた場合）に割増賃金を払う

※ 会社によっては「日曜日に働いたら休日出勤手当を払う」と曜日を定めている場合もあります。

例1 土曜日に出勤した場合

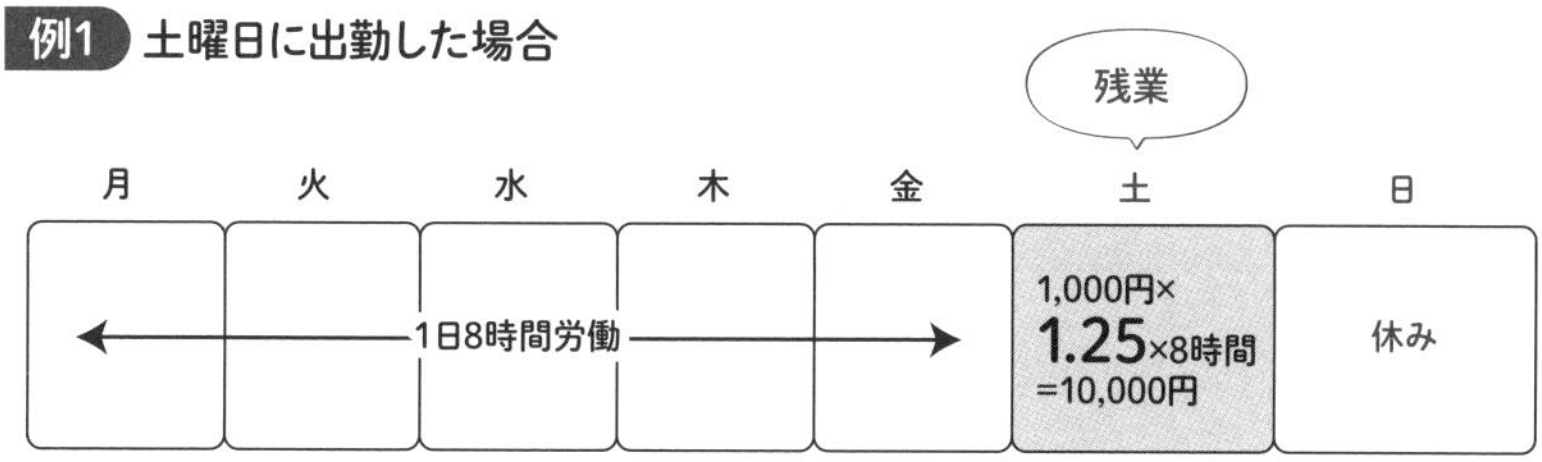

この場合、週に一度の休み（日曜日）が取れているため土曜日の出勤は「休日出勤扱い（1.35）」にはなりません。
ただし、月曜日から土曜日まで働くと合計48時間となり、「週40時間」のルールを超えるため、土曜日に出勤した8時間は「残業扱い（1.25）」になります。

例2 土曜日も日曜日も出勤した場合

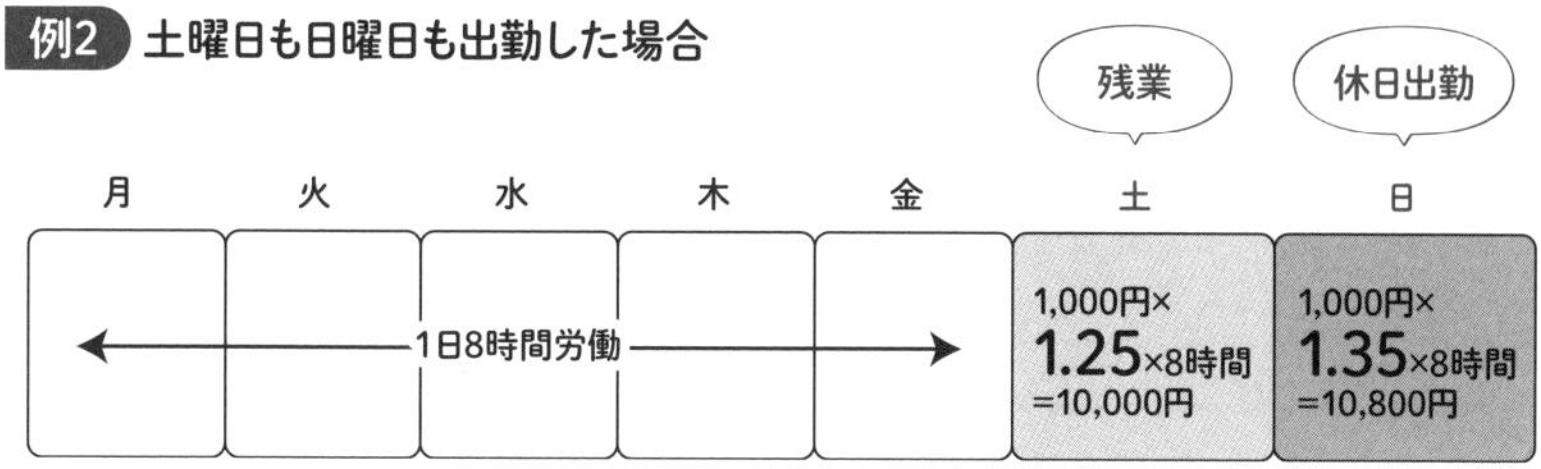

週に一度の休みが取れていないので、日曜日は「休日出勤扱い（1.35）」になります。

4-5

ボーナス・退職金

ボーナスや退職金は、じつは必ずもらえるものではないので要注意。どんなときにもらえて、どんな意味があるのか知っておこう。

ボーナスと退職金は必ずもらえるの？

ボーナスとは毎月の給料とは別に支払われる特別の給料のことで、**「賞与《しょうよ》」**とも呼びます。**退《たい》職《しょく》金《きん》**は、会社を退職するときに支払われるお金のことです。

ボーナスや退職金は、会社ごとに「支払うのかどうか」「支払うとすれば、その金額をいくらにするのか」を決めることができます。ですから、**両方支払われる会社もあれば、反対にどちらも支払わないという会社もあります**。

「ボーナスは年に2回」が一般的

多くの会社では、ボーナスは夏（6月または7月）と冬（12月）に支払われます。これは、江戸時代に奉公人に対して「お盆」や「年末」に着物を配った名残《なごり》ともいわれており、夏季休暇や年末年始は何かとお金が要るだろうから、その働きぶりに対して褒美《ほうび》を渡そうという考えに基づいています。

ボーナスの金額の決め方には2つの考え方があります。ひとつは、「基本給の○か月分」という考え方。もうひとつは、「会社の業績に応じて金額を決める」という考え方です。

退職金の制度がある会社は8割

退職金には3つの意味があります。

ひとつは、長く勤めてほしいというメッセージ。金額の決め方は会社によって異なりますが、多くの場合、働いた年数に応じて金額が変わります。

2つめは、給料の「後払い」。月々の給料の一部を貯めておき、退職するときに退職金という形で受け取ります。

3つめは、会社に貢献してくれたことに対する感謝。「いままで会社のために働いてくれてありがとう、お疲れさま」という気持ちを込めて支払われます。

どういう意味合いで退職金を払うかは会社によって考え方が異なり、それぞれの会社で「誰に」「いくら」「どのように」支払うかを決めています。

▼給料の決まりごとが書かれているもの

ボーナスや退職金を含め、お金のことは誰もが気になる項目です。入社前から退職するまで、常に確認ができるようになっています。

求人票	就職前でも確認することができる 初任給の金額のほか、ボーナスや退職金があるかも書かれている
雇用契約書	個別の給料額が書かれている
就業規則	働き方についてまとめたルールブック 賃金規程・退職金規程もここに含まれることも多い
賃金規程 （給与規程）	給料について書かれたルールブック 就業規則のなかに入っていることもある。締め日や支払い日、残業代の計算式や給料の見直し時期などが書かれている
退職金規程	退職金についてまとめたルールブック

26ページと30ページをもう一度見てみよう

給料のルールって会社によってそんなに違うものなの？

金額が違うのはもちろんだけど、給料日や手当の内容も変わるよ。会社ごとのルールは規則や規程で、一人ひとりにあわせた内容は雇用契約書でチェックしよう。

第5章

健康に働くためには？

休職・労働災害・安全衛生

あちゃ〜
やけど痛そう
とりあえずすぐ病院
行ってきてください
仕事のケガって
伝えて
労災扱いになるから
あとで申請書類
書きましょうか
はい…
あでもとりあえず
払うかもしれないから、
お金足りそう？ 貸そうか？
ありがとう
ございます……
ローサイ…
？
っていうことが今日
バイトであってさー
「ローサイ扱い」とか
「全額出る？」とか
それは
労働災害って
やつだね
みんなが
安心して働くために
作られた制度だよ
おじさん……父の兄
遊びに来ている

仕事中や仕事への行き帰りにケガや病気をしたら国からお金が支払われるんだ
え！国が払ってくれるの!?
うちの社員が仕事でケガしました!!
治療費分かりました
国
会社
もとは会社が納めたお金だけどね
ほかにもこんな制度があるんだよ
へ～
・病気になった時、まとまった休みを取れる制度
・病気やケガで働けない間の給料補償
・年に一度の健康診断
ほ～～
元気に働くために
働く人を支えるいろいろな制度があるんだ

5-1

休職

長い社会人生活の途中、ときに休息が必要になることもある。心も体も健康で働くための選択肢として、「休職」についても知っておこう。

「休職」＝仕事をしばらく休むこと

休職《きゅうしょく》とは、「会社に所属はしているけれど、一日会社をお休みします」という意味。学校でも、病気で入院したときや、海外留学に行くときなどに利用できる「休学」という制度がありますが、それと同じような制度です。

会社員が休職する場合、多くは病気やケガによるものです。会社によっては、海外留学のために利用することを認めていることもあります。

どのくらい休むと休職とするかは会社ごとに決められていますが、多くの企業では、1～2日の休みであれば有給休暇や欠勤とし、1か月以上休む場合に休職として扱われます。ただし、**休職制度は「必ず設けなければならない」というものではないため、会社によっては制度がないこともあります**。

どのくらい休めるの？

休職制度を利用すればいつまでも会社を休むことができるのかというと、そうではありません。休職する期間の上限も、会社ごとに決められています。

休職期間を1か月間としている会社もあれば、最長1年間や2年間としている会社もあります。また、勤続年数が3年未満の場合は3か月間、3年以上なら6か月間とするなど、勤続年数に応じて休職期間を変えている会社もあります。

会社を休職するとき

病気やケガで休職する場合は、お医者さんの「診断書」をもらって会社に提出をします。どのような症状で、どのくらいの療養《りょうよう》期間が必要なのかを会社に知らせる必要があるからです。

ただし、病気といっても、身体の病気もあれば、心の病気もあります。治療に必要な期間の判断は難しく、医師によって診断が異なることもありますから、場合によっては会社が指定する病院で診断書をもらってくるように求められることもあります。

会社に復帰するとき

仕事に復帰するときは、まず「復職願《ふくしょくねがい》」を会社に提出をします。そのうえで、会社の上司や医師と相談のうえ、復職する日にちを決めていくことになります。

復帰後は「もともと働いていた仕事内容・部署」に戻ることが一般的です。休職している間に会社の体制が変わっていたような場合や、もとの仕事に戻ると心や体に負担がかかると会社や医師が判断した場合は、別の仕事内容・部署に変わることもあります。

長い間休んでいると、「迷惑をかけた」という思いから、会社の不本意な打診も飲まないといけないと考える人も少なくありません。しかし、体調が万全ではないのに転勤を命じられるなど、復職後の措置が**もしどうしても納得がいかないと感じられる場合は、会社にその理由を求めることができます**。

また、症状によっては、復職支援プログラムといって、復職後しばらくは本来より短い勤務時間にしたり、負担の重い仕事はしないなどのリハビリ期間を設けることもあります。

まずは相談しよう

心や体の情報はプライベートなことですから、あまり人に言いたくないと思うかもしれません。

しかし、会社がみなさんの健康状態を知ることで、配慮できることもあります。

また、**会社には働くみなさんが安全に働けるように職場の環境を整える義務があります。** 差し支えない範囲で結構ですから、困っていることがあればまずは相談しましょう。

大切なことは、みなさんが元気に生活を送れることです。心や体とよく相談しながら、働き方を考えていくことが重要です。

関連キーワード▼ **安全配慮義務**

5-2

労働災害

もし仕事中にケガをしたら？　入院が必要になったら？
いざというときに慌てないように、補償についても確認しておこう。

「災害」ってなに？

「災害」と聞くと、地震や台風などの自然災害を思い浮かべる人が多いと思いますが、ここでいう「災害」はちょっと違います。

職場で起こる災害を「**労働災害**《ろうどうさいがい》」といい、大きくふたつの種類に分けられています。**仕事が原因で病気になったりケガをした場合**を「**業務**《ぎょうむ》**災害**《さいがい》」、**通勤中に起きた病気やケガ**を「**通勤災害**《つうきんさいがい》」と呼びます。

たとえば、建設現場で作業中に高いところから落ちてケガをした場合は業務災害にあたりますし、通勤中に駅の階段で足を踏み外してケガをした場合は通勤災害です。

お金のことが心配なんだけど……

通常は、病気やケガで会社を休むと、ノーワーク・ノーペイの原則（72ページ）があるので給料は補償されません。**しかし、労働災害は、仕事で起こった病気やケガですから、会社は責任を取って給料の補償をする義務があります。**この補償を「災害補償」と呼びます。

本来は会社の資金ですべてを補償すべきところですが、会社ごとに補償する内容に違いがあってはいけません。A社は業績が良いので給料全額を補償、B社は業績が悪いから補償しません、なんてことがあったら不公平ですし、なにより困ってしまいますね。

ですから、国は「労働者災害補償保険」（略して**「労災保険《ろうさいほけん》」**と呼びます）という保険を準備しています。社員が1人でもいる会社にはこの保険に加入するよう義務付け、何かあったときはこの労災保険から支払われることになります。

災害が起こってしまったときは、まずは会社で手続きを行います。その後「労働基準監督署」という機関が労働災害にあたるかどうかの最終判断を行います。

▼ 労働災害の種類

災害が起こらないことがいちばんですが、身に起きた病気やケガがいつ・何によるものなのかを確認することで、みなさんにかかる負担を最小限に抑えることができます。

労働災害

業務災害（仕事が原因で起こる病気やケガ）

例）
- 調理の仕事をしていて包丁で指を切った
- 長時間のパソコン作業が原因で目の病気になった
- 上司のいやがらせや圧力により心の病気になった

通勤災害（通勤中に起こる病気やケガ）

例）
- 通勤中に自転車事故を起こして骨折した
- 通勤電車が急停止し、転倒してケガをした

どんな補償があるの？

労災保険で補償される代表的なものとして、「治療費の全額補償」があります。

普段私たちが病院で治療を受けるときには治療費を支払います。一方労働災害の場合、治療にかかったお金は一切負担する必要がありません。また、治療のため働けず会社を休む場合については、給料のおよそ8割を補償してもらえるほか、後遺症が残ったときはその症状の程度に応じた金額が支払われます。

通勤中にケガをした！

Q. こんな場合は「労災」になる？

それ、ローサイになるかなあ……。

▼ Case 1　仕事帰りにスーパーに立ち寄ったところ、その店内で転倒しケガをした。

×

補償されません。通勤から一時的にそれたとみなされるためです。もし、スーパーで買い物を済ませ、通勤経路に戻ってからケガをした場合は補償されます。

▼ Case 2　会社には「電車で通勤する」と申請をしていたにもかかわらず、実際にはバイクで通勤をしていた。バイクで会社に向かう途中、事故に遭いケガを負った。

△

通勤途中だったことがわかれば、補償される可能性が高いです。しかし、会社に申請している通勤方法・経路と違えば、通勤だと認められない場合もあります。また遠回りをしていた場合なども同様で、通勤経路から外れたため認められないということもあります。

5-3

健康診断・ストレスチェック

働いていると、気づかないうちに疲労やストレスが溜まっているかもしれない。
定期的にチェックして心身を気遣うのも仕事のうち！

体の健康診断

会社員の健康診断《けんこうしんだん》は、働くすべての人が健康で長く働き続けることができるように、いつ・誰が・どんな健診を受けなければならないか、その内容が法律で定められています。法律に基づくものですから、健康診断は会社員の義務のひとつです。費用は会社が負担し、勤務時間中に受けに行くことが一般的です。

なお、健康診断を受けるのは正社員だけでなく、※雇用期間が1年以上で正社員と同じ勤務時間（フルタイム）の人や、正社員の勤務時間数の4分の3以上の時間働くパートタイマーやアルバイトの人も対象となります。

※会社によっては、勤務時間数や勤務形態にかかわらず健康診断を受けるようにしている場合もあります。

心の健康診断

体の健康診断だけではなく、心の健康診断※もあります。心の健康診断では、仕事内容や仕事に対する意欲、職場の雰囲気、相談する場があるかなどについて尋ねる質問があります。回答内容によってどの程度ストレスを感じているのかを測るため、**「ストレスチェック」**と呼ばれています。検査結果は、会社が勝手に見てよいものではなく、みなさん自身が「会社に見せてもいいですよ」と同意したときのみ知らされます。

※同じ職場に50人以上が働いている場合、年に一度の実施が必要とされています。

会社の「かかりつけのお医者さん」

同じ職場に50人以上が働いている会社には、**産業医**《さんぎょうい》という「かかりつけのお医者さん」がいます。月1回会社に来ることになっていて、不安なことがあれば相談することができます。

職場で働く人数が50人未満の場合、産業医はいませんが、各地域に設置されている「産業保健総合支援センター」に相談することができます。

▼ 健康診断のタイミング

健康診断は「会社員の義務」ですから、いつ・誰が・どの健康診断を受けるのかについて法律で決められています。

健康診断の種類	対象者	実施のタイミング
入社時の健康診断	・正社員 ・正社員に近い時間数働く契約社員・パートタイマー	入社時※1
定期健康診断	・正社員 ・正社員に近い時間数働く契約社員・パートタイマー	1年ごとに1回※2
特殊な業務に就くときの健康診断	・有害物質を扱う仕事や、放射線の仕事に就く人	その仕事にはじめて就くとき、以降6か月ごとに1回
海外で働く人の健康診断	・海外で6か月以上働くことになった人 ・6か月以上海外で働き、帰国して日本で仕事をす人	海外に行くとき 海外から帰ってきたとき
調理の仕事をする人の検便	・社員食堂などの社内にある施設において調理の仕事をする人	入社時または はじめてその仕事に就くとき

※１　会社に入る前３か月以内に受けた健康診断の結果を提出すれば、入社時の健康診断は受けなくてもよいこととされています。
※２　深夜に働く人やそのほか体に有害な物を扱っている人などについては、６か月に一度受ける必要があります。

第6章

頑張っていたら
いいことがあるよ

表彰・福利厚生・スキルアップ

ねえ、みてみて～！
にひ～～
パート先の歯医者さんできれいにしてもらいました～
あ！母さん歯ぴかぴか！
よかったね～
あっ、そういえばソウマ
○×アントラーズの試合のチケットもらったんだけどいるか？
ええ!? 行く行く！
なんで!? チケットどうしたの！
会社の福利厚生でJリーグの観戦チケットもらったんだよ
あったあった～
???
フクリ
コーセー

働いていると、給料以外にも会社で働く特典みたいなものがあって
それを福利厚生っていうんだよ
歯をクリーニングしてもらったのも、お母さんのパート先の福利厚生のひとつなのよ
すごい…！ほかにはどんなのがあるの？
父さんの会社だと、年に一度社員旅行があったり、資格を取りたいときにお金を出してくれるスキルアップ制度があるかな
お母さんの職場では笑顔で働いた人を表彰するスマイル賞っていう制度があるの
ベスト3に入れば金一封!!
へ〜！なんだか楽しそう！
頑張って働くと給料以外にもいいことがあるんだ

6-1

表彰

頑張りが認められれば仕事に対するモチベーションもアップ！
会社ごとに違う表彰制度、どんな内容があるのか見てみよう。

表彰とは？

学校でも、無遅刻・無欠席なら「皆勤賞」、作品が評価されたら「最優秀賞」というように、よい行動や結果に対して**表彰**《ひょうしょう》されることがあると思います。同じように、**会社員にもその人の行動や成果を評価する制度があります**。

たとえば、長年同じ会社に勤め上げ、会社に貢献したことを表彰する「永年勤続表彰」、よい成績を残した個人やチームに対して表彰する「成績優秀表彰」、世の中に影響を与える商品開発や研究結果を残した場合に表彰する「研究開発表彰」など、その行動や結果を認め、讃《たた》えます。

表彰の方法に特に決まりはありませんが、金一封（数千円～数万円程度のお金）や表彰状、粗品を渡すこともあれば、休暇がもらえることもあります。

どうして表彰するの？

表彰制度を行う目的はふたつあります。

ひとつは、モチベーションアップです。

仕事は5年、10年、長ければ30年、40年と続くものです。毎日同じように仕事をしていると「なんのために働いているのだろう」と自分の仕事の価値を認められなくなってしまうかもしれません。表彰によって、**自分の頑張りを会社や周囲に評価してもらえると思うことができれば、目標も立てやすくなり、仕事のやる気につながります。**

もうひとつは、「仕事をするうえで大切にしてほしいこと」を示すためです。

たとえば、ある会社では「スマイル賞」という表彰があります。笑顔で仕事をすると表彰されるわけですから、「笑顔で仕事すること」が会社から求められていることがよくわかりますね。

このように、**会社が目指したいこと、個人に行動してほしいことを示すものとして表彰制度があるというわけです。**

6-2

福利厚生

福利厚生は、頑張って働くともらえる「給料以外の報酬」のこと。うまく利用して気持ちよく働こう！

福利厚生ってなに？

福利厚生《ふくりこうせい》は、会社からみなさんに渡される「給料以外の報酬」を指します。たとえば、「社員割引」で会社の製品を安く購入できたり、結婚したときにお祝い金が出たり。お金やサービス、自分で選べるプランまで、その内容はバラエティに富んでいます。私たちは働いたぶんの対価として給料を受け取りますが、**福利厚生とは、給料とは別に「その会社で働くことで得られる特典」のようなもの**です。

福利厚生は大きく分けると2つの種類に分けることができます。それぞれ、**「法定福利**《ほうていふくり》**」**と**「法定外福利**《ほうていがいふくり》**」**と呼ばれています。

福利厚生の種類

法定福利とは、法律に定められた特典のこと。会社が支払っている健康保険や年金などの保険料を指します。

みなさんの給料からは、健康保険や厚生年金、雇用保険などの保険料が引かれるとお話ししました（77ページ）。これは、働く人（みなさん）が国に支払う保険料として負担するものです。同じように、会社も保険料を負担しています。これにより、みなさんが支払う保険料を少ない金額に抑えることができます。会社が支払っているこの保険料を法定福利と呼びます。

直接的ではありませんが、会社がみなさんのために負担する「報酬」のひとつというわけです。

なお、法定福利は法律で定められた特典ですから、会社が変わっても同じ内容の特典が付きます。

一方、**法定外福利は、会社独自に行う特典のこと**。先ほど紹介した社員割引や結婚祝い金などがそれにあたります。

そのほか、休暇やイベント・社内行事の開催など、会社によってさまざまな特典があります。

▼福利厚生の例

お金に関する特典	家賃補助制度、食事補助、懇親会（飲み会）補助、スキルアップのための受講料補助 など
休暇に関する特典	慶弔休暇などの特別休暇、バースデー休暇 など
場所や品物の特典	社員食堂、まかない食の提供、レクリエーション施設や宿泊施設の運営・提携 など
サービス利用の特典	子づれ出勤制度（ベビーシッターサービス）、出張健康体操・マッサージサービスなど
イベントや社内交流などの特典	社員旅行、社内スポーツ大会、忘年会・歓送迎会、家族参観デー（ファミリーデー） など

旅行に行けたりジムに通えたり、魅力的なものがいっぱいあるね。福利厚生で会社を選ぶのもありかも？

そういう選び方もあるね。実際、会社側もどんな特典があれば喜ばれるか、工夫を凝らして検討しているよ。複数のメニューから一人ひとりが利用したいサービスを選べる**「カフェテリアプラン」**という方法も増えているんだ。

実際に聞いてみた！

Q. 会社が福利厚生を取り入れる目的はなんですか？

▼ Case 1　A社

勤続10年、20年など、節目の年には休暇と旅行券をプレゼントしています。わが社に長く勤めてほしいからです。

▼ Case 2　B社

通信教育や参加したい研修の費用を補助しています。意欲をもって働いてほしいからです。

▼ Case 3　C社

ゴルフ部や映画部など、社内のクラブ活動を推進しています。社員同士の絆を深めて、一体感をもってもらえたらと考えているからです。

（参考：独立行政法人 労働政策研究・研修機構（JILPT）
「企業における福利厚生施策の実態に関する調査」（2020年））

6-3

スキルアップ

学校を卒業したからといって「学ぶこと」が終わりではない。会社員はどんなふうにスキルや知識を身につけていくのだろう?

会社員のスキルアップ

多くの場合、高校や専門学校・大学を卒業して会社に就職をしますが、やはり学校の勉強と実際の仕事は大きく違います。ですからみなさんは、会社に入ると、社会のこと、会社のこと、専門的な知識やスキル、ビジネスマナーなどについて学ぶことから始めます。能力や技術を磨くことを専門用語では「教育訓練」と呼んでいますが、ここではもう少しわかりやすく、「スキルアップ」と呼ぶことにします。

OJTとOFF-JT

スキルアップには、**「OJT**（On the Job Training）」と**「OFF-JT**（Off the Job Training）」

という、2つのタイプあります。

OJTは仕事をしながらトレーニングをすることで、いわば実践練習です。たとえば、先輩に同行して取引先へ訪問をするなど、仕事を通じてスキルを高めていく方法です。

OFF‐JTは、仕事から離れてトレーニングすることです。社内で先輩から講義を受けたり、社外研修に参加するなどがあります。

どんなスキルアップ制度があるの？

会社員にはどのようなスキルアップの機会があるのでしょう。

入社1年目、3年目、10年目、リーダー、管理職など年次に応じた研修の機会をあらかじめ決めて制度化している会社もあれば、必要に応じて実施している会社もあります。

ほかにも、通信教育講座制度を設け、講座受講にかかる費用を負担したり、海外留学制度を設けている会社などもあります。

会社員のなかには、会社が行うスキルアップとは別に、自主的に自分のスキルを磨いている人もたくさんいます。このように、**自分自身でスキルを磨くことを「自己研鑽《けんさん》」といいます**。

資格取得や勉強会への参加など方法はさまざまですが、会社によっては自己研鑽のための休暇を認めて「スキルアップ休暇」を設けたり、必要な費用の一部を補助するところもあります。

▼ OFF-JTとOJT

事前にレクチャーを受けるのがOFF-JT、学んだことを実践するのがOJTです。会社はふたつの教育を組み合わせながら、一人ひとりのスキルアップを図っています。

	OFF-JT（知識をつける）		OJT（実践する）
電話応対	・話し方 ・電話機の使い方	→	・電話に出る ・電話を掛ける
営業活動	・客先への訪問の仕方 ・名刺の渡し方 ・話し方 ・自社の商品を覚える	→	・先輩の営業に同行する ・商品の説明をする

ちゃんと仕事ができるか不安だったけど、研修があるなら安心だな。

先輩たちも最初はみんなそこからスタートしたんだよ。最初から何でもできる人なんていないし、わからないことがあればどんどん質問しよう。

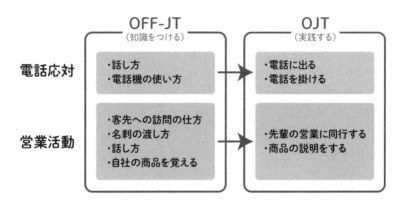

第7章

働き方にルールは必要なの？

服務

前髪ちゃんとしまいなさい！
ルールなんだから守ってもらわないと困るよ！
ムスッ…
おじ
父
どした
こんなことがあったらしい
真面目に働いているんだからいいだろちょっとくらい！
めんどくさい！
なんで俺のバイト先には細かくルールがあるんだよ
残念ながらどこの会社にもルールはあるよ
え〜〜〜〜

じゃあもし
ひとつもルールが
なかったら
どうなると思う？
……
いらっしゃいませ〜
服これなので
今日は
調理は
できませーん
お客
それは…
うぅ……
おじさんは
ルールは人を縛るため
じゃなくて、
みんなが気持ちよく
過ごすための
くふうだと話してるよ
でも時代とともに
どんどん
考え方は変わるから
定期的にルールを
見直すことも
大事だね
ルールは縛り付ける
ものじゃなくて
ちゃんと意味があって
作られたんだ…
働いたら
どんなルールが
あるんだろう…

7-1

ルールの必要性

学校には校則、プロ野球には野球規則、会社には「就業規則」。そもそも、ルールを定める必要ってあるのだろうか。

「就業規則」＝会社のルールブック

働き方に関して会社ごとに作られるルールブックのことを「就業規則《しゅうぎょうきそく》」といい、日本国内のほとんどの会社に存在します。※法律で「会社は、就業規則を定めて役所に届け出なければならない」と決められているからです。

就業規則には、働く時間や休憩・休日、給料といった労働条件のほか、働くうえで大切にすることや、ルールを破ったときの罰則がのっています。

※就業規則を作る必要があるのは「同じ場所に10人以上働いている場合」。たとえば総勢30人の会社でも、働く場所が各地に散らばっていて、各々の人数は10人を超えないといった場合は就業規則がないことがあります。

そもそもルールは必要なの？

ところで、みなさんは、ルールや規則という言葉によい印象をもっているでしょうか。なんとなく「縛られる」「見張られる」「制限される」といったネガティブな印象をもつ人が多いのではないかと思います。

それでは、なぜ会社はルールを作るのでしょう。

ルールはないほうがよいのでしょうか。ルールで決められたとおりに働くより、一人ひとりが自分で判断して、自由に働くほうが働きやすいでしょうか。もし、会社内にルールがなかったら、うまく仕事はできるでしょうか。

会社で働く人たちにこの質問をすると「必要だとは思う」という答えが返ってきます。**「ルールを煩《わずら》わしく思うことはあるけれど、ルールがないと、みんなが好き勝手に働いてしまい、結果的に働きづらくなるのではないか」と考えるようです。**

「ルールや規則という言葉によい印象はもたないけれど、必要だとは思う」という何とも不思議な存在ですね。

みなさんはどう考えますか？

どうしてルールを決めるの？

会社でルールが設けられる理由は「基準をハッキリさせることで行動しやすくするため」です。

この「基準」にはふたつの側面があります。

ひとつは「望ましい行動の基準」です。

たくさんの人が働く会社では、それぞれの価値観が存在します。一人ひとりの判断に任せていると、会社としてまとまらなくなってしまうこともあるでしょう。

たとえば、休憩時間が決まっていなければ、1時間の休憩を取る人もいれば、休まずに続けて働く人もいるでしょうし、「2時間の休憩がほしい」と言い出す人もいるかもしれません。一日8時間の労働時間のほとんどを休憩時間にあてている人と、頑張って働いている人が同じ給料では、あまりに不公平ですね。

そこで、「休憩は60分間」あるいは「12時〜13時まで」と決めておくことで、**働く人全員が平等に、価値観の違いに戸惑うこともなく働くことができます**。

「あえて言う」という側面も

一方、「望ましくない行動の基準」もあります。**会社として絶対にしてほしくないことを明確にすることで、その行動を防ぐ目的があります。**

どんなにできた人でも、「つい魔が差す」ということはあります。毎日働いていると「このくらいならいいだろう」と出来心が芽生えることがあるかもしれません。そんなとき、はっきりと「その行動はダメですよ」と示されていれば、一度冷静になって考え直すことができます。

たとえば「ここには停めないで」と書かれた場所に自転車を停めづらいのと同じで、「SNSに会社のことを書いてはいけません」と書かれていたら書くのをためらいますよね。

このように望ましくない行動があえてルールに書かれていることで、自分自身の行動を顧《かえり》みたり、トラブルを未然に防ぐことができるというわけです。

▼ 就業規則にのっているもの・のっていないもの

就業規則には、必ずのせる必要がある項目とそうでない項目が決められています。

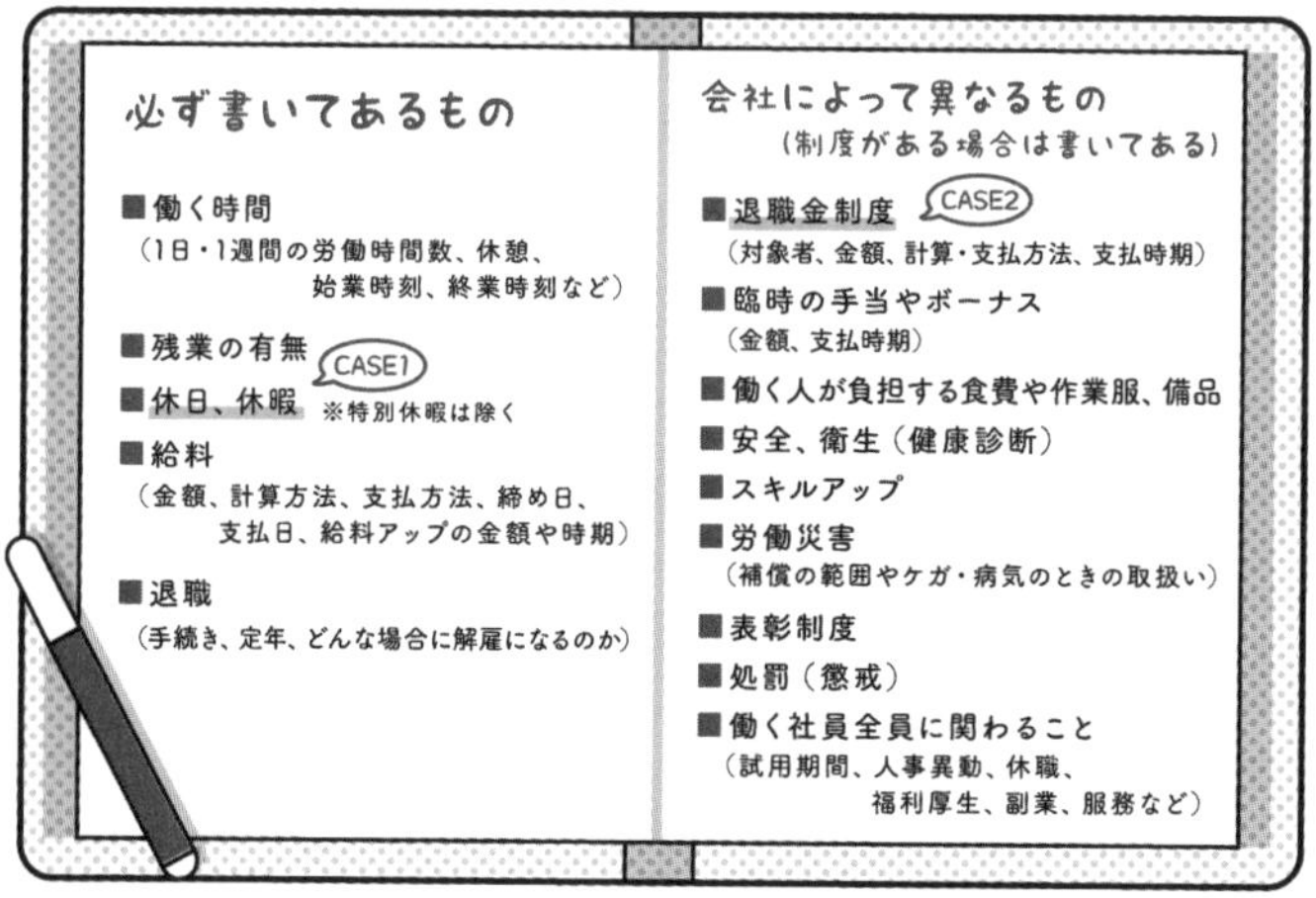

もしみなさんの知りたいことが規則に書かれていなかった場合、「法律に基準があるかどうか」によってその解釈が変わります。

▼ Case 1　有給休暇について書かれていない

有給休暇は「どの会社も必ず書く必要がある項目」です。もし規則に記載がなかった場合、その会社に有給休暇がないわけではなく、法律に従って「入社6か月後、10日間の有給休暇が認められる」ことになります。

▼ Case 2　退職金について書かれていない

退職金制度は「制度を取り入れるならば書く項目」です。法律に基準がありません。記載がなかった場合は、その会社には退職金制度がないことが考えられます。

ある運送会社の就業規則には、「飲酒運転をしない」と書かれた項目があるよ。

飲酒運転？　そんなのあたりまえだよね？

そうだね。でも、そんなあたりまえのことがなぜあえて書かれていると思う？

う～ん…。

ヒントは、運送会社に勤めている人がどんな人かを考えてみて。

あ！ トラックの運転手さん？

そのとおり。運送会社に勤める人は、その多くがトラックの運転手さんだよね。だから、車の運転をする機会も多い。もちろん飲酒運転は法律違反だけれど、安全に荷物を届けるために、そして、事故で家族に悲しい思いをさせないようにという意味を込めて、より意識してもらうためにあえて書かれているんだ。

7-2

服務

仕事はひとりでするものではなく「誰かと」行うもの。
どんなルールがあれば、スムーズに仕事を進めることができるだろう。

必要なルールって何だろう？

会社は、数人〜数百人、多ければ数千人、数万人が協力し合って働くことで成り立っています。誰かと一緒に仕事をするときには、どんなルールがあればお互いに気持ちよく、スムーズに仕事を進めることができるでしょうか。

たとえば、サークル活動や部活動にも「大きな声であいさつする」「休むときはいつまでに、誰に連絡をする」といった決まりがあると思います。

同じように、就業規則のなかには「服務《ふくむ》」という項目があります。**服務とは、「職務に服する」からきた言葉で、わかりやすくいうと「仕事をするうえで守るべき最低限のルール」です。**

じつにさまざまな内容が書かれていますが、どれも会社で働く人たちが気持ちよく働くために決められたものです。

ルールを活かすのは自分自身

ルールがあることで、「していいこと」と「悪いこと」は明確になります。たとえば「仕事は9時からスタートです」と決められていたとすると、9時を過ぎれば遅刻だということは明確になりますね。ただ、何時に行くかについては「8時30分には行っておこう」と考える人もいれば「9時までに到着すればよいだろう」と考える人もいます。

会社の規則にのっているルールは、あくまで「必要最低限の」ルールです。ここから先は、みなさんが自分で考えなければなりません。

まずは、自分が働く会社にはどんなルールがあるかを知る。そして、まわりを見渡す余裕が出てきたら「（ルールをベースとして）どうすればうまく仕事が進められるのか」と考えてみることで、ルールがさらに活きてくるといえます。

また、ルールは定期的に見直すことも大切です。なぜなら、時代とともに働く環境や考え方も変わるから。みなさんが働くなかで疑問に感じるルールや、変える必要があるのではないかと感じる内容があれば、先輩に尋ねてみる、声をあげてみることも大事です。

これから新しく会社に入るみなさんだからこそ気付けることもあるはずです。

▼ 服務に書かれる内容の例

職場環境を よくするための行動	・人にいやがらせをしない （パワハラ・セクハラ・マタハラなどの行為を含む） ・社員同士でお金の貸し借りをしない ・決められた場所以外でタバコを吸わない　など
会社に損害を 与えないための行動	・法律違反をしない ・SNSで悪い噂を流さない ・仕事中に知った秘密の情報を漏らさない　など
仕事に専念 するための行動 （職務専念義務）	・仕事中に仕事に関係のないサイトを見ない ・会社の許可なく副業をしない　など

「～してはならない」という言葉が並んでいて、いやな感じだな～。

そうだよね。だから、会社によっては「～してはならない」ではなく「～しよう」という表現に変えたり、細かい内容は書かずに「人に迷惑をかける行動はしない」とだけ決めている会社もあるよ。

▼働く人たちを守る法律

これまで就業規則についてお話してきましたが、働く人が気持ちよく働けるようにほかにもさまざまな法律が存在しています。次の表は、働くルールが定められた法律の例です。

労働基準法	働く時間や休日、給料など働くうえで基本となるルール
労働安全衛生法	健康診断や職場環境の整備など、安全・健康に働くためのルール
雇用保険法	会社を辞めたときや育児休業をとったときの給料の補償、働きながら学びたいときの補助などのルール
労災保険法	仕事中や通勤中にケガや病気をしたときの補償について定めたルール
最低賃金法	給料の最低基準について定めたルール
労働契約法	働く期間や働く際の条件変更など、雇用契約について定めたルール
パートタイム有期雇用労働法	パートタイマーやアルバイト、契約社員の雇用や契約、働く条件について定めたルール
男女雇用機会均等法	性別にかかわらず働く機会を作ることやセクハラについて定めたルール
育児介護休業法	育児や介護をする際に活用できる制度、マタハラについて定めたルール
労働施策総合推進法	さまざまな人がイキイキと働ける世の中にするための決まりやパワハラについて定めたルール

これらはみなさんを縛り付けるものではなく、守るために存在しています。もし働くうえで困ったことがあったら、参考にしてみてください。

7-3

懲戒

ルールを破ったときのことも知っておこう。いったいどんなことが起こるのだろう。

会社のルールを破ったら?

迷惑行為をすると学校から注意されたり、ときには停学処分や退学処分があるのと同じように、会社員も悪いことをしたときには処罰があります。

しかし、いつ、どんな内容で処罰されるのかがわからなければ、人によって内容が厳しくなったり甘くなったり、不公平が生まれてしまうかもしれません。そのため、就業規則には会社ごとに「何をしたら」「どんな処罰があるのか」が決められています。

逆にいえば、ルールに書かれていない項目で処罰することはできません。

なお、「処罰」のことを会社では**「懲戒《ちょうかい》」**と呼び、「何をしたら懲戒になるか」という事柄は**「懲戒事由《じゆう》」**と表現されます。懲戒とは、「懲らしめる」「戒める」と書いているように、「二度と同じことが起こらないように、行動をあらためてください」という意味が込められています。

懲戒の基本ルール

懲戒の基本ルールは「ひとつの行いに対して、ひとつの処罰」と決められています。ですから、たとえば仕事中に趣味のサイトを見ていたことが処罰の対象になる場合でも、「始末書も書かせて」「給料も減らして」「出勤も停止させる」ことはできません。

また、懲戒には段階があります（140ページ）。たった一度の行動でいきなり懲戒解雇（クビ）とすることは、「会社が行き過ぎた決断をした」として認められないことが多いです（ただし、重大な罪を犯したなどの場合は別です）。

処罰を受けるときには、何か言いぶんがある場合は会社に伝えることができ、会社も話を聞かなければなりません。処罰を受けることのないよう過ごせることがいちばんですが、もし不当な処罰だと感じた場合には、国が設けている機関※に相談することもできます。

会社が一方的にひどい処罰をすることがないように、処罰される側も自分の意見を主張することができるしくみになっています。

※労働基準監督署・総合労働相談コーナー

▼ 処罰の段階

あらかじめ処罰内容を決めておくことで、あてはまる行動があった場合に判断に迷わず処罰できるようになります。

第1段階 訓戒《くんかい》・譴責《けんせき》

始末書を提出します。始末書とは、いわゆる反省文のこと。起こった（起こってしまった）ことのいきさつを説明して反省の意思を書くとともに、同じことが起こらないようにどのように行動をあらためるかを表明します。

第2段階 減給

ペナルティとしてお給料を減らす措置です。ただし、一度に減らすことができる金額は「1日分の給料相当の半額まで」とされています。なお、会社に遅刻したときや休んだときに働かなかった時間分の給料を引くのは「減給」ではなく、「ノーワーク・ノーペイ（72ページ）」です。減給とは、ペナルティとして減らされるお金を指します。

第3段階 出勤停止

出社することを禁止する措置で、「頭を冷やしなさい」という期間です。出社しなかった日については、給料は支払われません。

第4段階 降格・降給

会社での等級を下げたり、役職を外す措置です。多くの場合、それに伴って給料の金額が下がります。

第5段階 退職勧奨

会社を退職するように勧める措置です。あくまでも会社は退職を勧めるだけですから、退職するかどうかは本人が決めることができます。

第6段階 懲戒解雇

いわゆる「クビ」にする措置です。会社から一方的に告げられ、本人に選択肢はありません。なお、退職金制度がある会社の場合、本人が自分で決めて退職する場合とは違い、退職金は一切支払われないことが一般的です。

「懲戒解雇」と「普通解雇」

「解雇」は会社から「辞めてください」と伝える意思表示のことです。このうち「懲戒解雇」は悪いことをしてそのいちばん重いペナルティとして課されるものですが、もうひとつ、「普通解雇」と呼ばれる解雇があります。
「クビ」なのに「普通」と言われてもピンときませんね。いったいどのような違いがあるのでしょう。

懲戒解雇（ちょうかいかいこ）
「悪いことをしたから」宣告されるもの

普通解雇（ふつうかいこ）
悪いことをしたわけではないけれど、能力や体調などそのほかの理由によって宣告されるもの

どちらも会社の意思による「クビ」ですが、その理由に大きな違いがあります。

なお、普通解雇であっても、「なんとなく合わないから」などといった不当な理由で解雇することは認められていません。真面目に働いているのに、「クビにされたらどうしよう……」と心配する必要はありませんので、安心してくださいね。

会社が就業規則を管理していることもあるんだよね？「規則を見せてください」って言いづらくない？

たしかにね。俺も入社したばかりのころは「規則を見せてください」なんて言ったら上司にいやな顔されるんじゃないかって考えてたからなあ……。

タク兄はどうしてるの？

「何を知りたいか」を伝えるようにしているよ。たとえば「有給休暇の日数を知りたいのですが、見せてもらえませんか？」と素直に言ってみるんだ。まずは聞きやすい先輩に確認してみるのもいいね。

自分が不安なことや、知りたい内容を具体的に伝えればいいんだね。

そうだね。最近は、会社内のネットワークでいつでも誰でも見ることができるようにしている会社も多いよ。

第8章

働き方を選択する

副業・退職

タク兄との
買い物にて——
タク兄
なに探してるの？
ライトと
スタンド
YouTuber に
なろうと思って
ユーチューバー!?
俺、昔から人に
勉強教えるの
得意だったでしょ？
カテキョーのバイトも
してたしね
上司の息子さんに
リモートで教える
機会があって、
動画配信してみたら？
って言われてさ
配信しなよ〜
いいっすね!!
試しに撮ってみたら
すごく暗かったから
いろいろ買わなきゃなと
思ってさ
くらっ
えっ、タク兄
今の会社
辞めるの？

いやいや、会社は辞めないよ
うちの会社、仕事に支障がなければ会社以外の仕事もやっていいから
動画は副業のつもりだよ
？
バイト掛け持ちみたいなもの？
俺の場合は会社がメイン YouTuber はサブ！
動画のためのシナリオ作りや問題作り
結構会社の仕事にも活かせそうなんだよね～
会社に入ったあともいろんな選択肢があるんだ…

8-1

兼業・副業

いまは、会社員も特技を生かして自分で稼ぐ時代。複数の仕事をもつ「副業」「兼業」という働き方も知っておこう。

勤めている会社「以外」の仕事をする

ひと昔前は「自分が勤めた会社の仕事に専念する」という考え方があたりまえでしたが、いまは個人で動画をアップして広告収入を得たり、手作りアクセサリーなどをネット販売して収入を得ることができる時代です。会社のように労働時間が決められていないので、たとえば「昼間は会社員、夜はユーチューバー」ということも十分可能です。

この**自分が勤めている会社の仕事「以外」の仕事をすること**を**「兼業《けんぎょう》」**や**「副業《ふくぎょう》」**といいます。

兼業とは「仕事を掛け持ちする」意味で、2つ以上の「業（仕事）」を行うことをいいます。

一方副業は、メインとサブに分けた2つの仕事をもつことを指します。

何をもってメイン・サブを判断するかは、収入金額や時間数など人それぞれの解釈ですが、一般的には「会社の仕事がメイン」、「ほかの仕事がサブ」と捉《とら》えられています。

会社員の兼業や副業は許されるの？

会社が兼業や副業を認めるかどうかは、現在、法律の制限は何もありません。会社の勤務時間中に別の仕事を行うことは認められないことがほとんどですが、仕事以外の時間を使って行う兼業や副業を認めるかどうかは会社によって異なります。

2020年に行われた調査では、約5割の会社が兼業や副業を認めているものの、積極的に推進している会社の割合は1割にも満たないという結果でした。まだまだ「兼業・副業があたりまえ」とはいえない世の中です。[※]

しかし、いまやパソコンひとつで日本国内、世界中どこでもつながることができます。自由に個人の考えを発信でき、また、転職や起業することも珍しくなくなってきた現代においては、兼業や副業を通して得た経験を仕事に活かしてほしいと考える会社も徐々に増えています。

※株式会社リクルートキャリア「兼業・副業に対する動向調査データ集」（2020年）

実際に聞いてみた！

Q. 社員の兼業や副業を認めていますか？

これからもどんどん増えそうですね

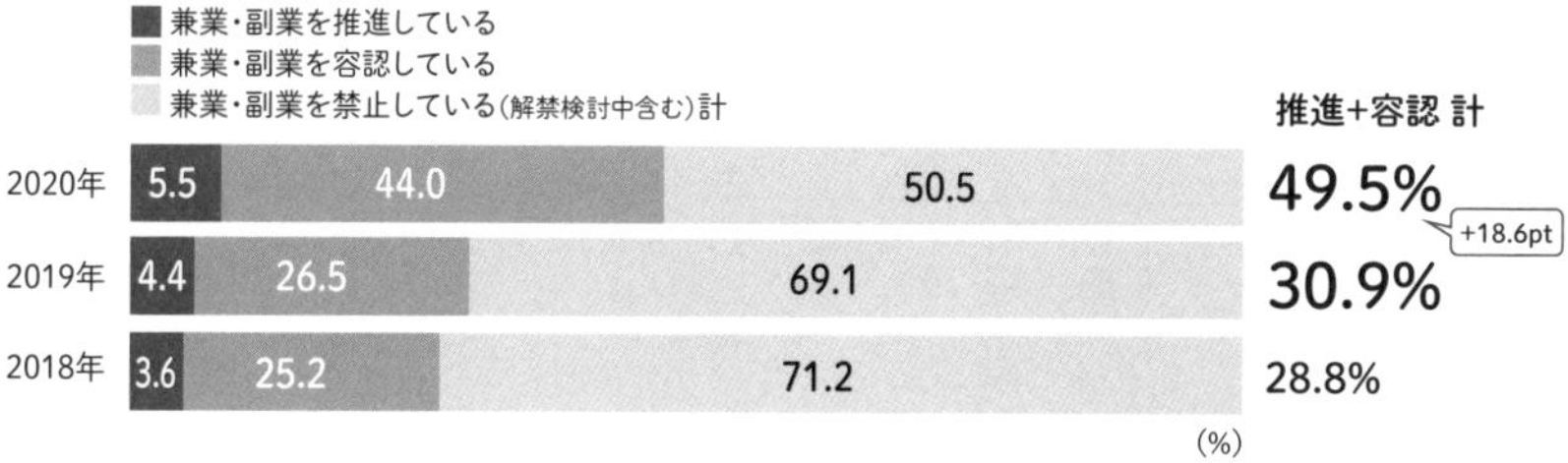

兼業・副業を推進している
兼業・副業を容認している
兼業・副業を禁止している（解禁検討中含む）計
推進+容認 計
2020年 5.5 44.0 50.5 49.5%
+18.6pt
2019年 4.4 26.5 69.1 30.9%
2018年 3.6 25.2 71.2 28.8%
（%）

（参考：リクルートキャリア「兼業・副業に対する企業の意識調査」（2019）・「兼業・副業に対する動向調査データ集」（2020））

▼兼業・副業の代表的な仕事

★ユーチューバー、インスタグラマーなど　趣味や自分の得意なことなどを発信し、再生数が増えることで広告収入を得る。

★ライター　記事やメールマガジンなど、文章を書く仕事。質の高い文章を書くことで継続的に仕事が依頼されることも。

★食品配達　飲食店から個人宅まで食品を配達する仕事。配達する量が増えると収入が上がる。

★ハンドメイド雑貨の販売　アクセサリーや洋裁等、雑貨を作り販売する仕事。ネット販売や、マーケットに出店する方法がある。

★アンケートモニター　企業が行うアンケートに答えたり、新商品を試した感想などを寄せることで収入（金銭やポイントなど）を得る。

副業か……。大変そうだけど、
なんかかっこいいな。

最初はほんのお小遣い程度の稼ぎかもしれないけど、スキルが身についたり、人脈が広がったりと、収入以上のものが得られるかもしれないよ。

もしかしてタク兄も人気ユーチューバーになっちゃうかも……？

簡単ではないけどね。カメラに向かって話すのも、人に伝わる話し方を意識すると結構難しいし。それ以外にも、動画編集に、録音機材、あとはマメに動画をアップし続ける根気も必要だし。でも、そこで得た知識が普段の仕事や生活に活きることもあるし、そのスキルが認められて会社の給料がアップすることだってあるかもしれない。

お金以外の魅力も
たくさんあるんだね！

8-2

退職

退職がステップアップにつながることもある。働き方を選択するうえで、退職もまたひとつの選択肢ということを覚えておこう。

どんなときに「退職」するの？

私たちは、働き始めるときに会社と雇用契約を結びます（28ページ）。その後、契約が続いている限り「会社に勤めている」状態が続きます。この契約を解消することを、一般的に「会社を辞める」と表現します。

7－3（懲戒）のおさらいになりますが、このうち、「相手（会社）から別れを告げられて」会社を辞める場合を「解雇」といいます。

一方**「退職《たいしょく》」**とは、もう少し専門的な表現に言い換えると、**「解雇（クビ）以外の理由で会社との契約が終わること」です**。ですから、自分の意思で会社を去るケース（自己都合退職）もあれば、勤めている間に予期せぬ事故・病気で亡くなってしまうケース（死亡退職）なども含めて「退職」といいます。

自分の意思で退職する

この先、みなさんがどこかの会社に勤めたとしても、長い人生のうち、一度や二度、会社を辞めるか悩むこともあるでしょう。

昔は、働くといえば「会社を選ぶ」という考え方が主流でしたが、いまは「仕事や働き方を選ぶ」という考え方に変わってきています。その結果、転職をしたり、起業やフリーランスなど、働き方を変えることも珍しくなくなりました。

つまり、**ひとつの会社で長く働き続けるという選択肢だけでなく、「会社や仕事を変えることでいろいろな経験を積む」という選択肢も増えた**というわけです。

退職は、自分が進む道を選択するひとつの機会です。新しいチャレンジのためだったり、結婚や出産をきっかけに会社を辞める選択をする人もいるかもしれません。必ずしも後ろ向きな理由ばかりではありません。

今後、会社のあり方も、働き方も、さらに変化していくことが考えられます。

「自分はどんな道を進みたいのだろう」と考えて自分に合った働き方を選択していくことが求められています。

▼ 退職するのはどんなとき？

自己都合退職	自分の意思で退職しようと思い立ち、退職すること
死亡退職	働いている本人が亡くなって雇用契約が終わること
定年退職	会社で定める上限年齢（＝定年）に達して雇用契約が終わること
自動退職※	①体調を崩すなどして休職している場合に、決められた休職期間が過ぎても職場に復帰できないとき ②1か月以上連絡なしで欠勤が続いたとき など
その他	契約社員やパートタイマー、アルバイトなど働く期間が事前に決められている場合で、その期間が終了するとき

※ 就業規則に記載がある場合のみ。記載がない場合は、勝手に退職扱いにすることはできません。

せっかく入社したのに、転職なんてもったいない気もするけど……。

会社に入ってみないとわからないこともあるからね。より高い給料や達成感を求めて転職したり、やりたいことが見つかったからという理由もある。実際、転職を経験する人は年々増えているよ※。

※ 参考：総務省「労働力調査」（2020年）

▼ 会社を退職するときの流れ

入社するときと同じように、退職するときにもやるべきことがあります。退職の手続きが終わったら、気持ちよく次のステップへ踏み出しましょう。

自分の上司に退職することを伝える	法律では「退職する14日前までに伝えること」とされていますが、仕事の都合を考えると1～2か月前に話すのが一般的です。就業規則にいつまでに伝える必要があるかが書かれています。「退職を考え直してほしい」と引き止められることもありますが、自分の意思を伝えて問題ありません。
↓	
退職届を書く	上司と相談のうえ、退職日が固まったら退職届を書きます。
↓	
人事部や総務部など、働く人の管理をしている部署(人)に伝える	会社は、退職にあたって社会保険や年金の手続きをしたり、退職金の支払い準備などを行います。手続きに必要な書類の記載を求められることもあります。
↓	
自分が行っていた仕事内容や状況をまわりの人に伝える(引き継ぎをする)	みなさんが退職したあとには、必ず代わりに誰かがその仕事をすることになります。自分が担当していた仕事は、責任をもって引き継ぎをします。
↓	
退職日を迎える	周囲へのあいさつ、名刺や社員証、制服などの返却を行います。

8-3

定年退職

「ある年齢」に達したら会社を退職する、「定年退職」。
60歳で退職する？　それとももっと働く？　定年も働き方を考えるひとつの節目！

定年ってなに？

定年《ていねん》とは「一定の年齢」を省略した言葉で、**ある年齢に達したら会社を退職することを「定年退職」**といいます。学生のみなさんに「卒業」があるように、会社員にも「卒業」があります。

法律では「定年は少なくとも60歳以上にすること。さらに本人が希望する場合は65歳まで働き続けられる環境を作る」という決まりがあります。

そのため、現在多くの企業では60歳を定年とし、定年退職したあとは「再雇用」として1年ごとに契約し最長65歳まで働き続けることができるという制度を採っています。

なかには定年を65歳に設定したり、再雇用で最長70歳まで働くことができる会社や、定年を定めない会社もあります。

どうして定年を設定するの？

なぜ、わざわざ「定年は少なくとも60歳以上」と決めるのでしょう。もし定年に決まりがなかったら、会社は自由に年齢を設定することができてしまいます。たとえば「うちの会社は若い人に働いてほしいから、40歳になったら全員辞めてもらおう」と考える会社があったらどうでしょうか。このような会社には安心して勤めることができませんね。

一方で、「定年を設けてはいけない」という決まりだったらどうでしょう。いつまでも会社を卒業する人が現れず、「若い人を採用したいのに定員オーバーで採用できない」ということが起こってしまいます。

このような事態を防ぐために、定年のルールが意味をもつというわけです。

しかし、最近は状況が変わりつつあります。定年を60歳より引き上げている会社があることからもわかるように、日本人の健康寿命は年々延び、70代、80代でも現役で活躍している人もたくさんいます。また、8－2（退職）でお話ししたように、現代では転職や起業も珍しくなくなりました。

以前と比べて「ひとつの会社に勤め続ける」という考え方が変わってきているのはたしかであり、今後は定年に対する考え方も変わってくる可能性もあります。

▼ 選ぶ道は人それぞれ

会社に入社してからも、
その先にはまた新しい選択肢が待っています。

ひとつの会社に勤めあげるのも、
別の道に進むのも、
みなさんの考え方次第です。

もしみなさんが新たな道を選択しようとするとき、
退職はその第一歩になります。

エピローグ

2年後——
カタ
カタ
いよいよ就職活動が始まる

ペット休暇
記念日休暇
色々な休み
産前産後休業
児休暇
下がしました!!

働き始めるとき

- 求人票やサイトを見て「応募→選考→内定」
- 働くときは雇用契約を結ぶ
- 試用期間でお互いを見極める

働く時間や場所

- 働く時間は原則 1日8時間,週40時間以内
- 働く場所や時間帯は、変化してきている
- 残業・休日出勤には上限がある

給料

- 給料の支払いには5つの原則がある
- ボーナス・退職金の有無は会社による
- 残業や休日出勤には+αの手当がつく

休暇

- 有給休暇は休んでいても給料が支払われる
- 子育てや介護のときに使える休暇がある
- 特別休暇も使って仕事とプライベートのバランスをとれる

頑張って働くと得られるもの

- 福利厚生は「その会社で働くことで得られる特典」
- 表彰制度を作っている会社もある
- 会社に入ったあともスキルアップの機会がある

健康に働くための制度

- 休職（しばらく会社を休む）制度があることが多い
- 仕事中や通勤中のけがや病気には補償がある
- 健康診断の種類やタイミングは法律で決まっている

ルール

- 会社にも守るべきルールがある
- ルールは働く人を縛るためのものではない
- 働く人たちが困ったときに守ってくれる法律もたくさんある

「働き方」の選択

- 兼業や副業も増えてきている
- 「退職」もひとつの選択肢
- 会社を卒業する「定年」という制度がある

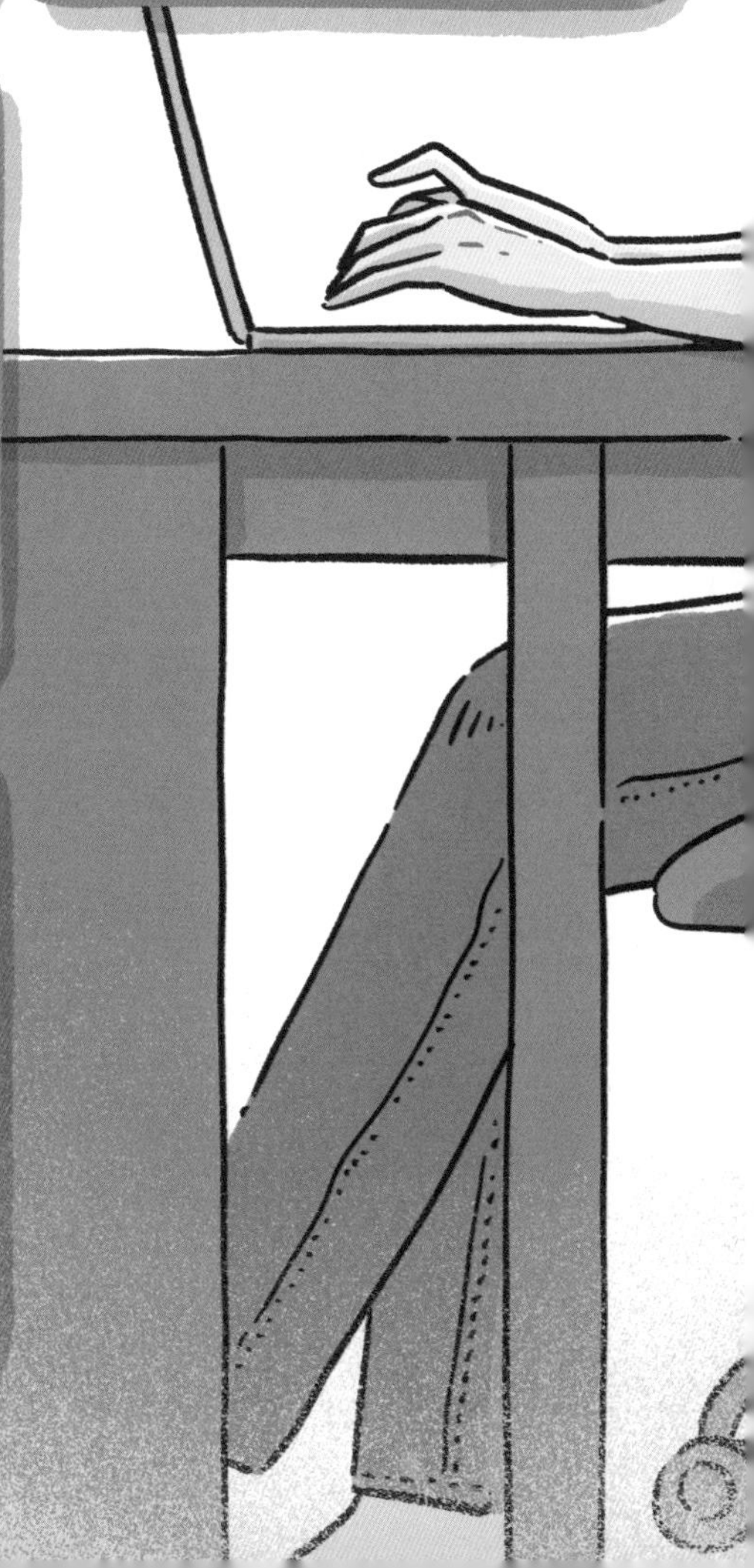

就職ガイダンス
ガヤ
ガヤ
は〜、いよいよかぁ
いまさら不安になってきた…

ソウマ
余裕そうだね
もう行きたい会社
決まってるの？
いやいや全然
そういうわけじゃないけど
はじめは「会社で働く」って
わからないことが多すぎて
正直不安だったけど
調べたり
聞いたりするうちに
わかったことがある

会社によって
いろんな制度や
働き方があって
いまもどんどん
変わっている
会社に入った
あとだって
選択肢は
ひとつじゃない
だったら、
いま僕に必要なのは
「どの会社に入りたいのか」
を考えるより
「どんなふうに働きたいか」
を考えることだ

会社のことを知ることで
僕なりの答えが出せた気がする
グッ
ネガティブなことばかり想像して
怖がりすぎていたかもしれない
僕はいま
社会人になるのが
ちょっと楽しみだ

おわりに

「いまからふたつの質問をします。あてはまると思うほうに手を挙げてください。
1．社会人になることが楽しみでワクワクしている人？
2．社会人になることが不安だという人？」

これは、私が就職を控えた学生さん向けの講座や、新入社員研修で出会った方たちに訊く質問です。

さて、どちらが多く手が挙がると思いますか？

残念ながら、後者です。「社会人ってどんなものだろう？」というポジティブな気持ちもあるものの、それを上回る不安や恐怖が、心を包んでいるように感じます。

その理由を尋ねると、みなさん同じような答えが返ってきます。つまるところ、社会人になることについて「イメージがわかない」「知らない」からなのです。

テレビやSNSを通じて知るブラック企業やパワハラ問題のニュースや、親御さんやアルバイト先の社員さんなど、身近に働く大人たちの姿の影響もあるでしょう。しかしこれも、自分が経験したことのない、ごく限られた情報でしかありません。

私たちは、経験したことがないことについて、とにかく不安を感じやすい生き物です。

思い起こせば、はじめておつかいに行ったとき、はじめて飛行機に乗ったとき、はじめて面接を受けたとき、いつのときも「はじめて」のことは怖くて仕方なかったはず。同じように、社会人になることに対しても不安を感じるのは当然のことです。でも、働く大人たちに聞いても、明確な答えは返ってきません。自分の勤めている会社のことはわかっているけれど、ほかの会社がどうか、法律ではどう決められているのかについては、知る機会がないまま働いている人が多いからです。

この本では、「働くルールの基本」をお伝えしました。読んでみると、知っているようで知らないこともたくさんあったのではないかと思います。あいまいだった知識が明確になったり、あたりまえだと思っていたことの裏側には法律があったり……。これらの気づきが、社会人になることに対する「不安」を「安心」に変える一助になれば幸いです。

そして、主人公ソウマのように「社会人になることが楽しみだ」という気持ちにつながれば、これほどうれしいことはありません。

また、不安は働く前だけではありません。社会人になったあとも、働き方に疑問に感じたときや迷ったときに開いていただけるような、そんなみなさんの「働く」に寄り添える一冊になればうれしく思います。

この本は２０２１年時点での「会社員の働き方」をお伝えしていますが、いまは変化が激しい時代です。いま存在する職業のうち、※半数は５～15年の間にＡＩに置き換えることができるともいわれています。

もしかすると、みなさんが実際に働くころにはまた新しい働き方が生まれているかもしれません。

いつか、この本に書かれている働き方を大幅に書き換えて、未来のみなさんの働き方をご紹介できるときがくることを楽しみにしています。

最後まで読んでくださったみなさま、この本づくりに携わっていただいたすべての方に心から感謝をして。ありがとうございました。

神野 沙樹

※株式会社野村総合研究所「日本の労働人口の49％が人工知能やロボット等で代替可能に～601種の職業ごとに、コンピューター技術による代替確率を試算～」（2015年）

索引

た

な

は

ら

や

わ

神野沙樹（かみの・さき）

ニースル社労士事務所代表。社会保険労務士。

大学卒業後、機械メーカー、コンサルティング会社を経て独立。13年にわたり人事労務の世界に携わり、200社を超える社内制度づくりに関わる。難しい言葉を使わない「わかりやすい就業規則」づくりをはじめ、経営者・社員と「ともに」社内制度を作る参加型プロジェクト「みんなでつくる就業規則づくり」を多数実施。

「働くことを自分ごとに」をモットーに、本音を言える場づくりと主体性を育むコンサルティングを行っている。

【ホームページ】https://e-sr.info/
【Twitter】@Niesul1

「社会人になるのが怖い」と思ったら読む
会社の超基本

2021年7月21日　第1刷発行

著　者　神野沙樹
発行者　大山邦興
発行所　株式会社 飛鳥新社
〒101-0003
東京都千代田区一ツ橋2-4-3 光文恒産ビル
電話（営業）03-3263-7770（編集）03-3263-7773
http://www.asukashinsha.co.jp

ブックデザイン……村橋雅之
漫画・表紙イラスト……かわいちひろ
本文イラスト……koriko

印刷・製本　中央精版印刷株式会社

ISBN 978-4-86410-846-1　

編集担当　中野晴佳